A a

A A A A A
A A A A A
A A A A A

a a a a a a
a a a a a a
a a a a a a

A a

A a

A a

B b

B b

B b

B b

C c

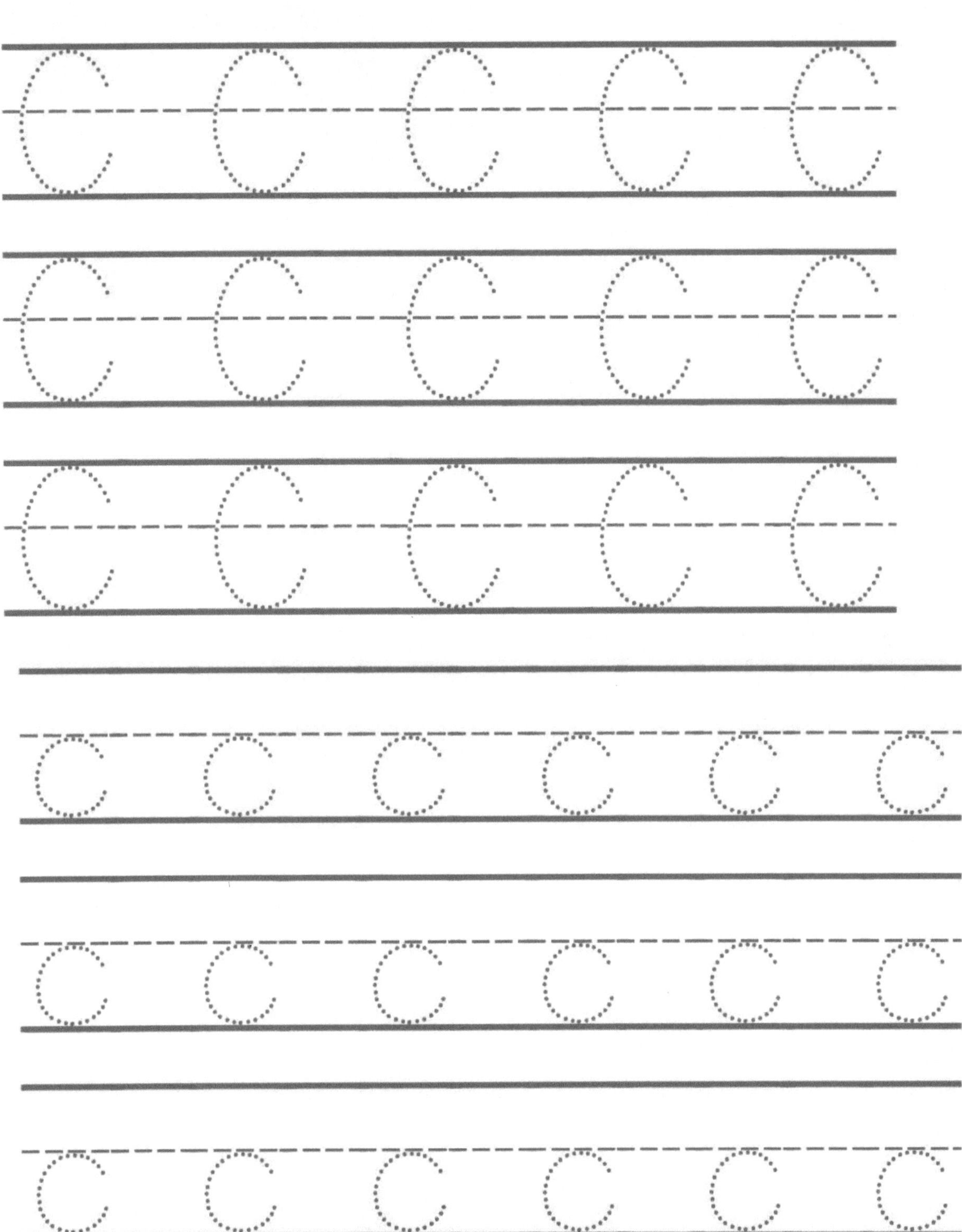

C c

C c

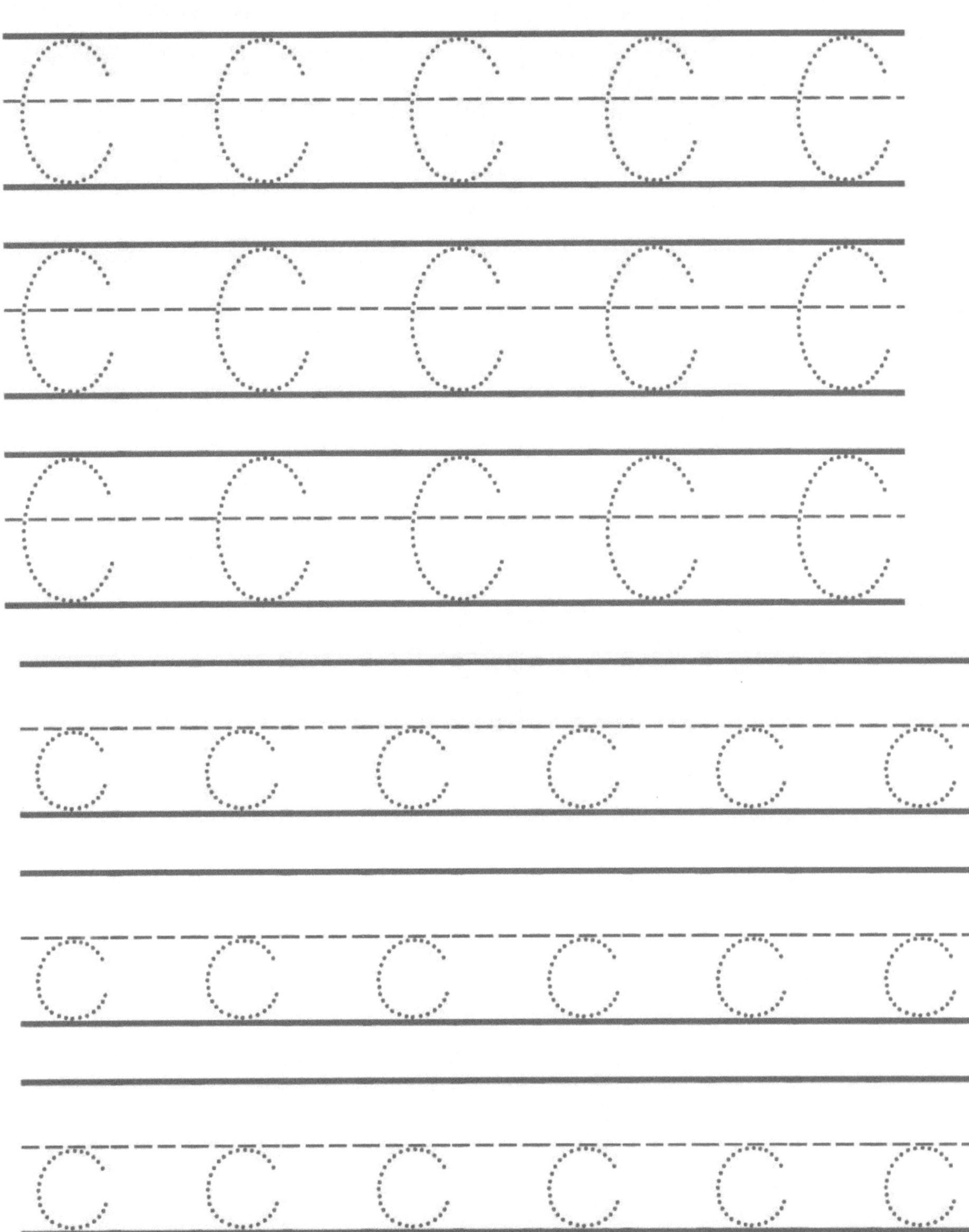

C c

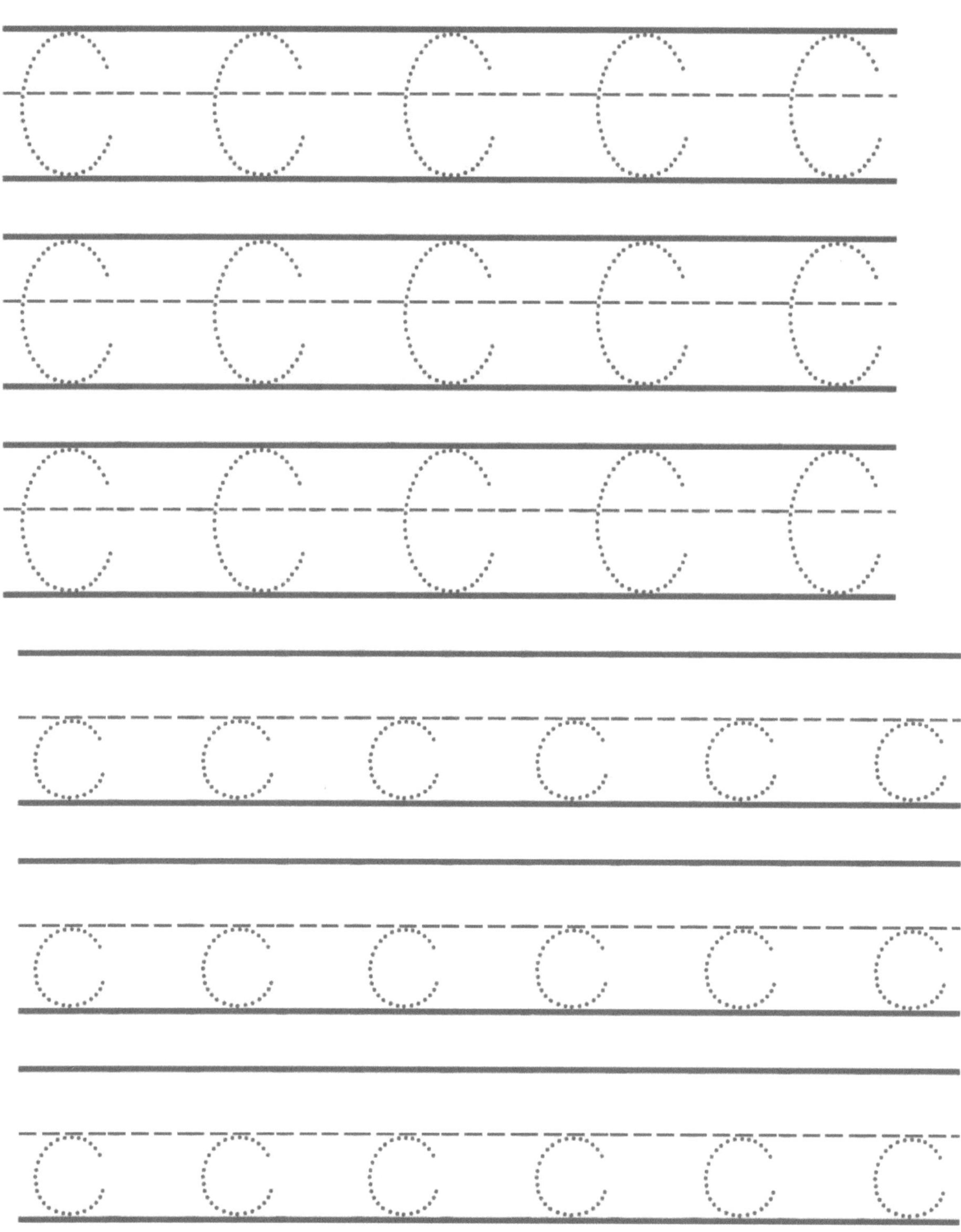

D d

D d

D d

D d

E e

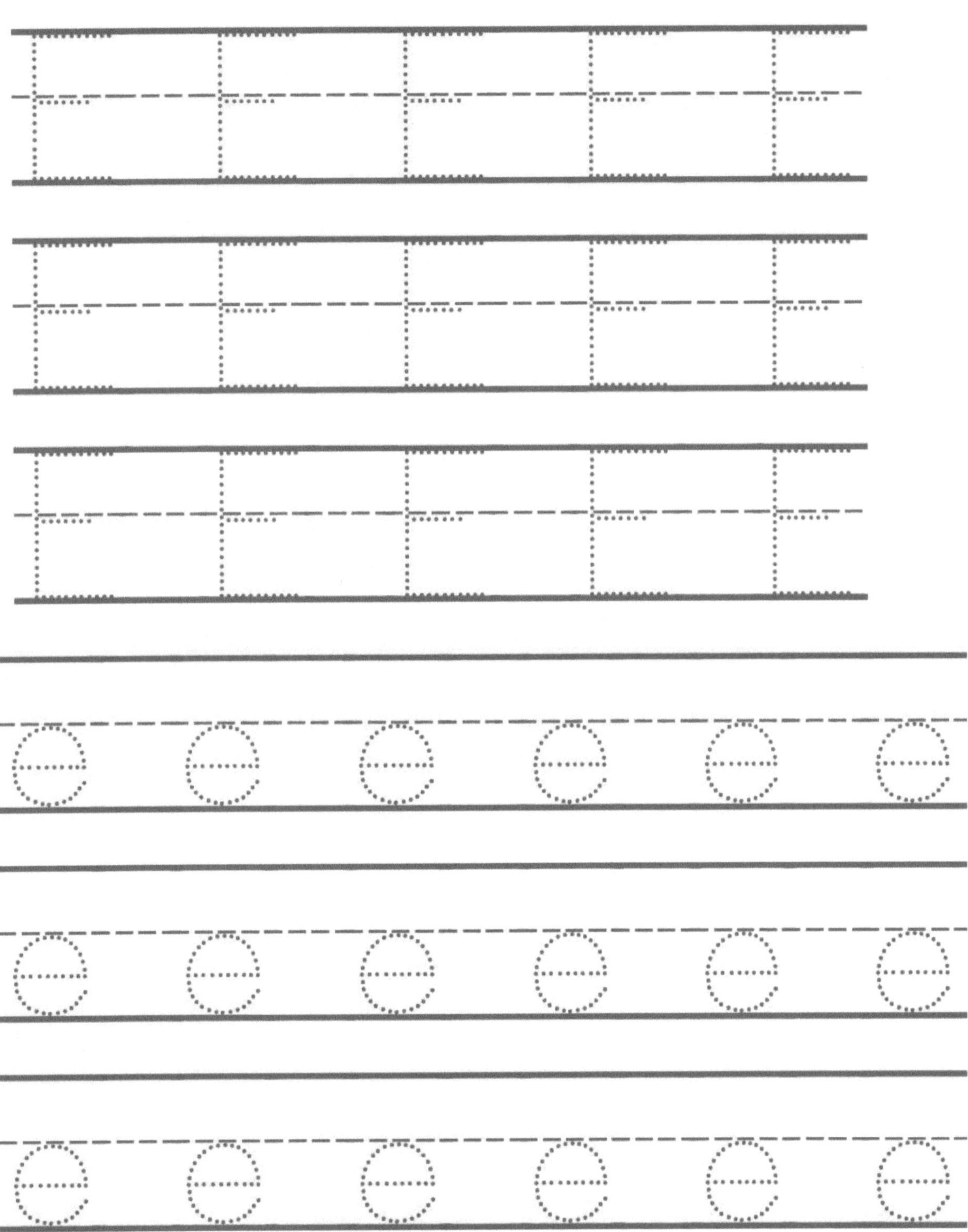

E e

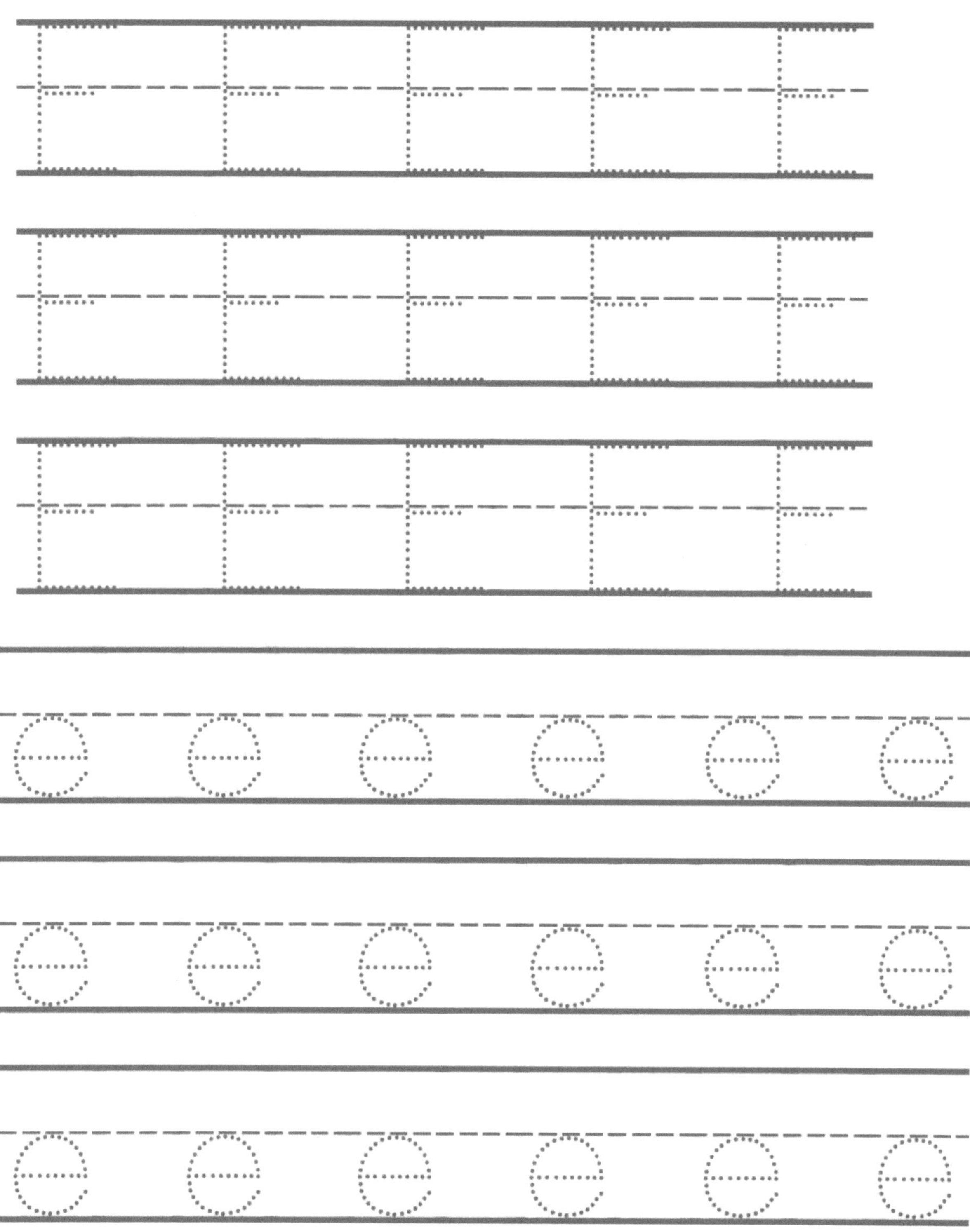

E e

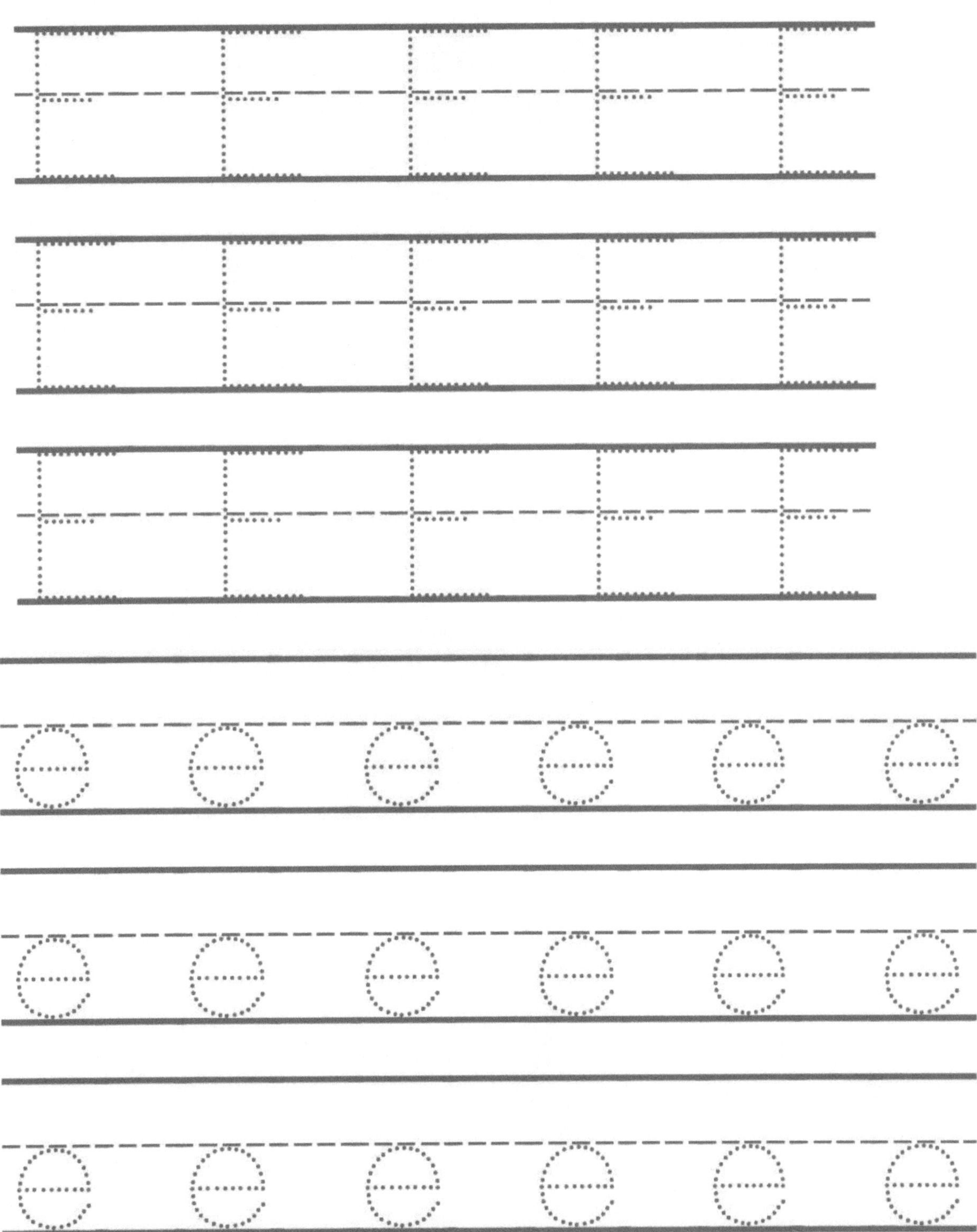

E e

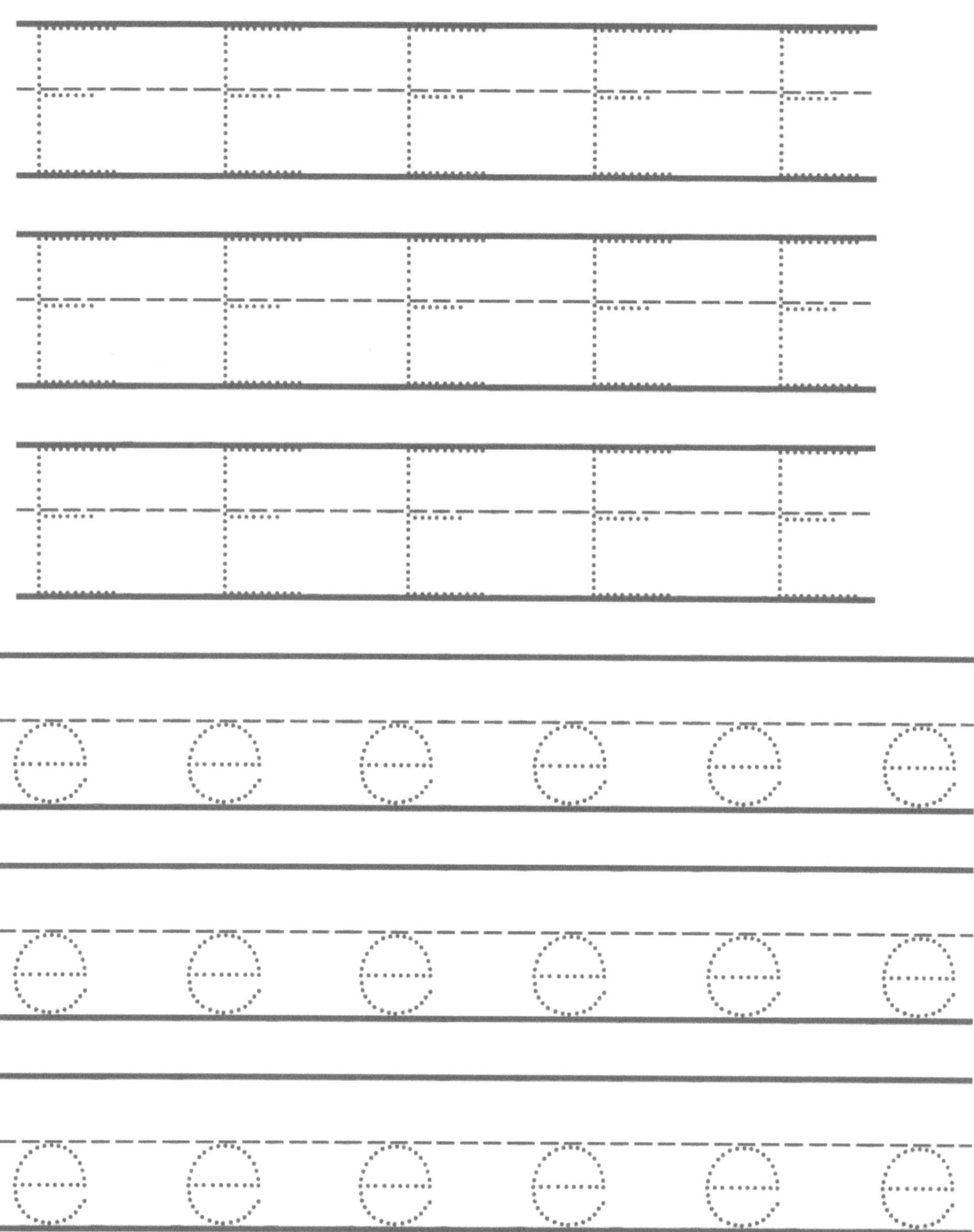

F f

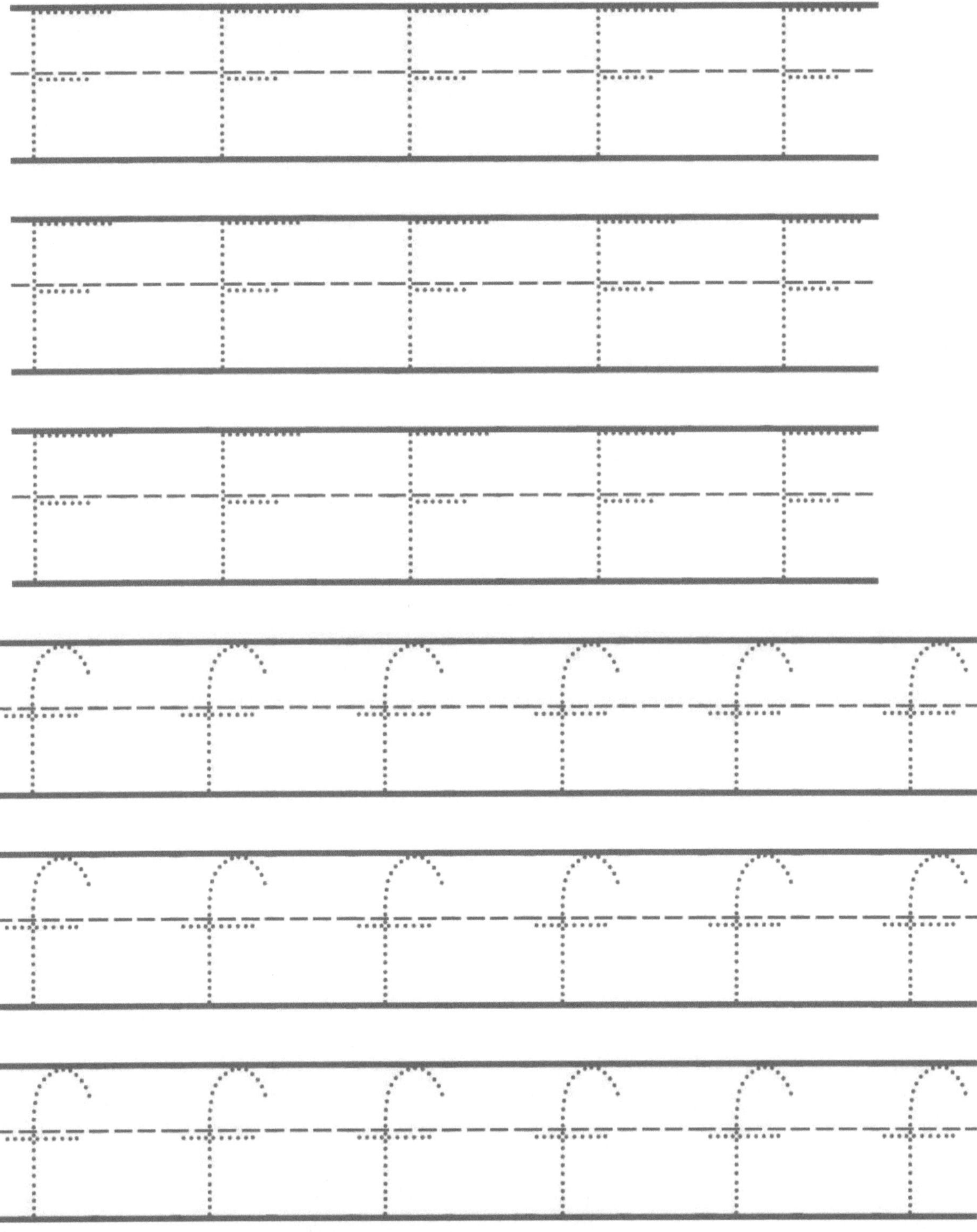

F f

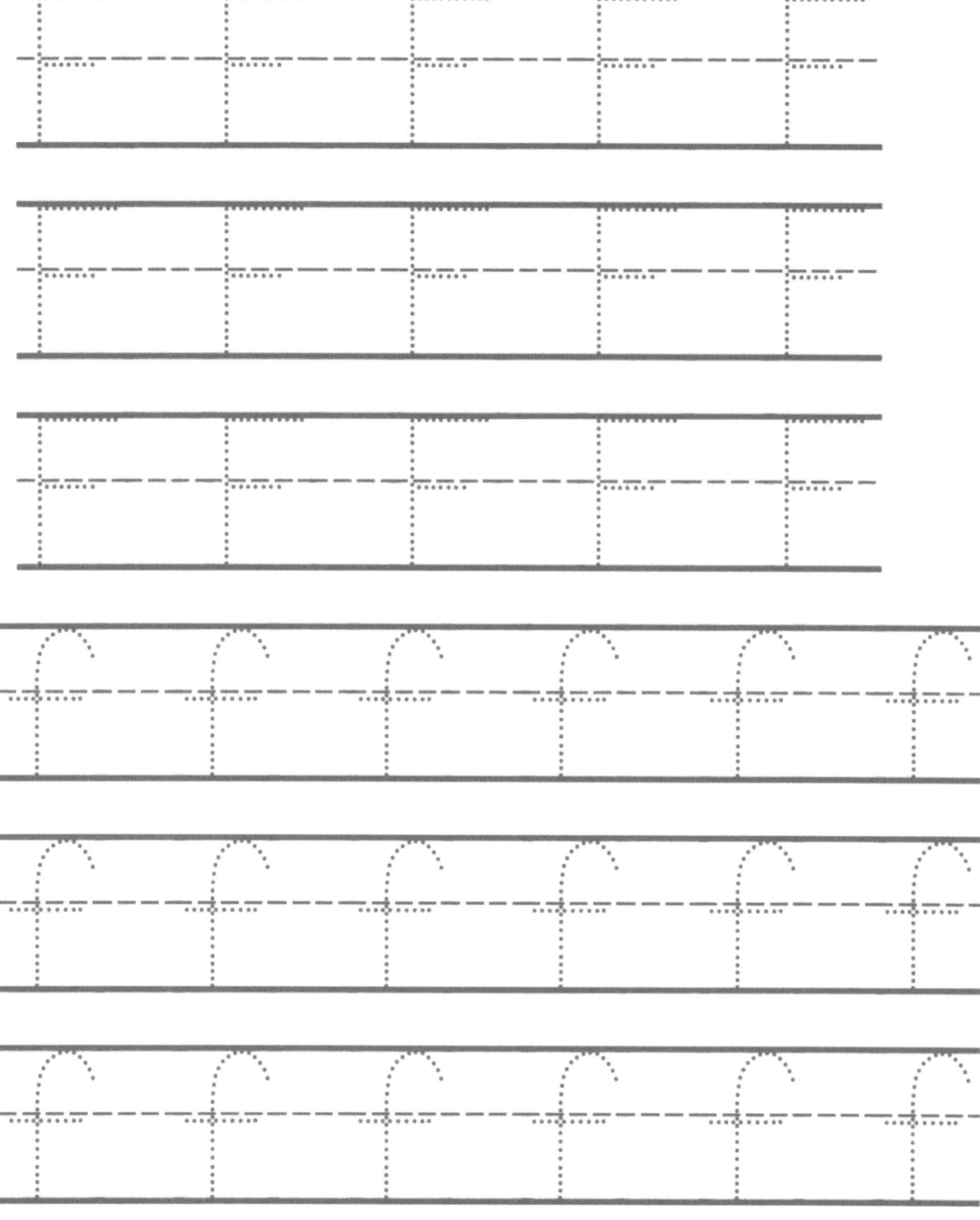

F f

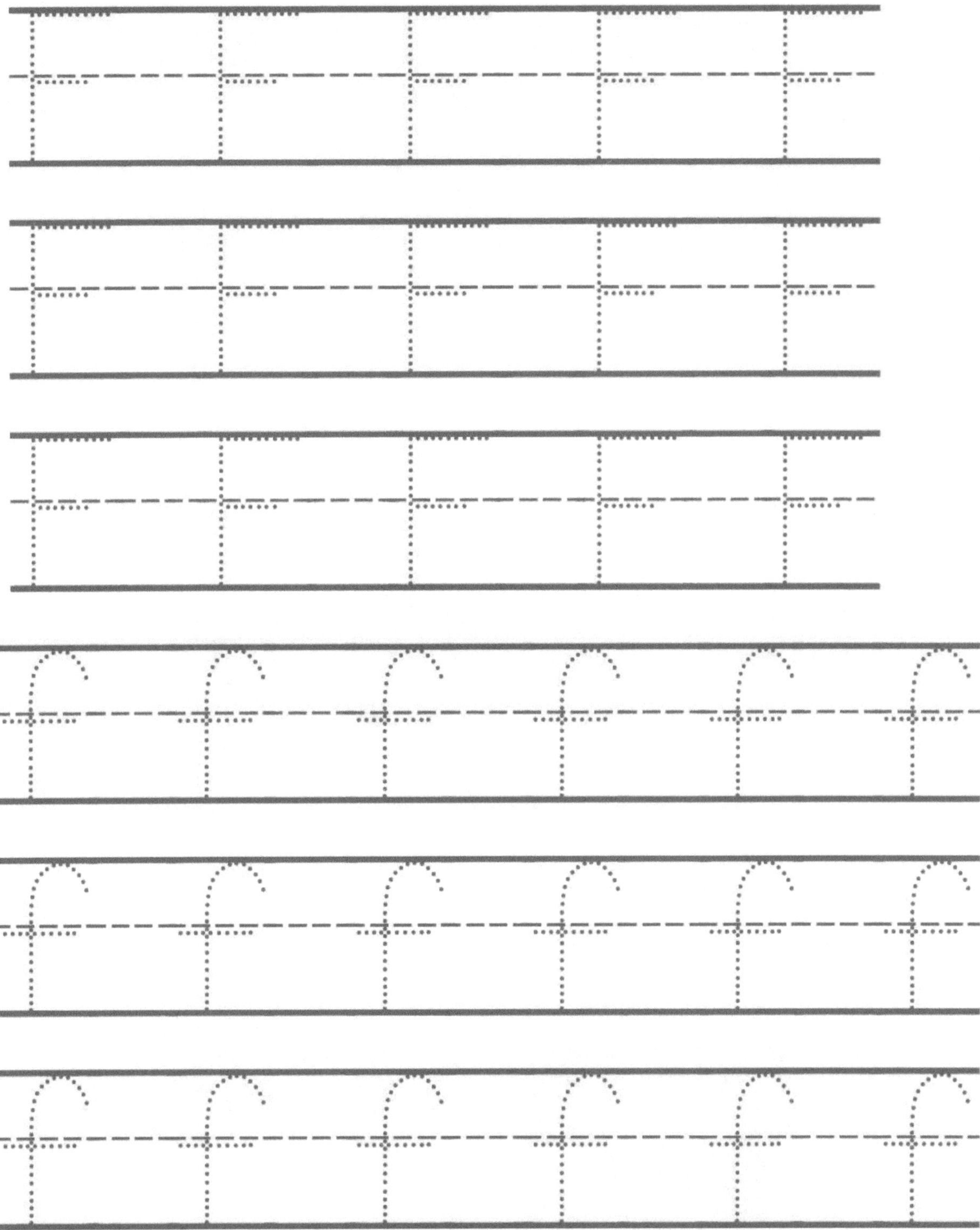

F f

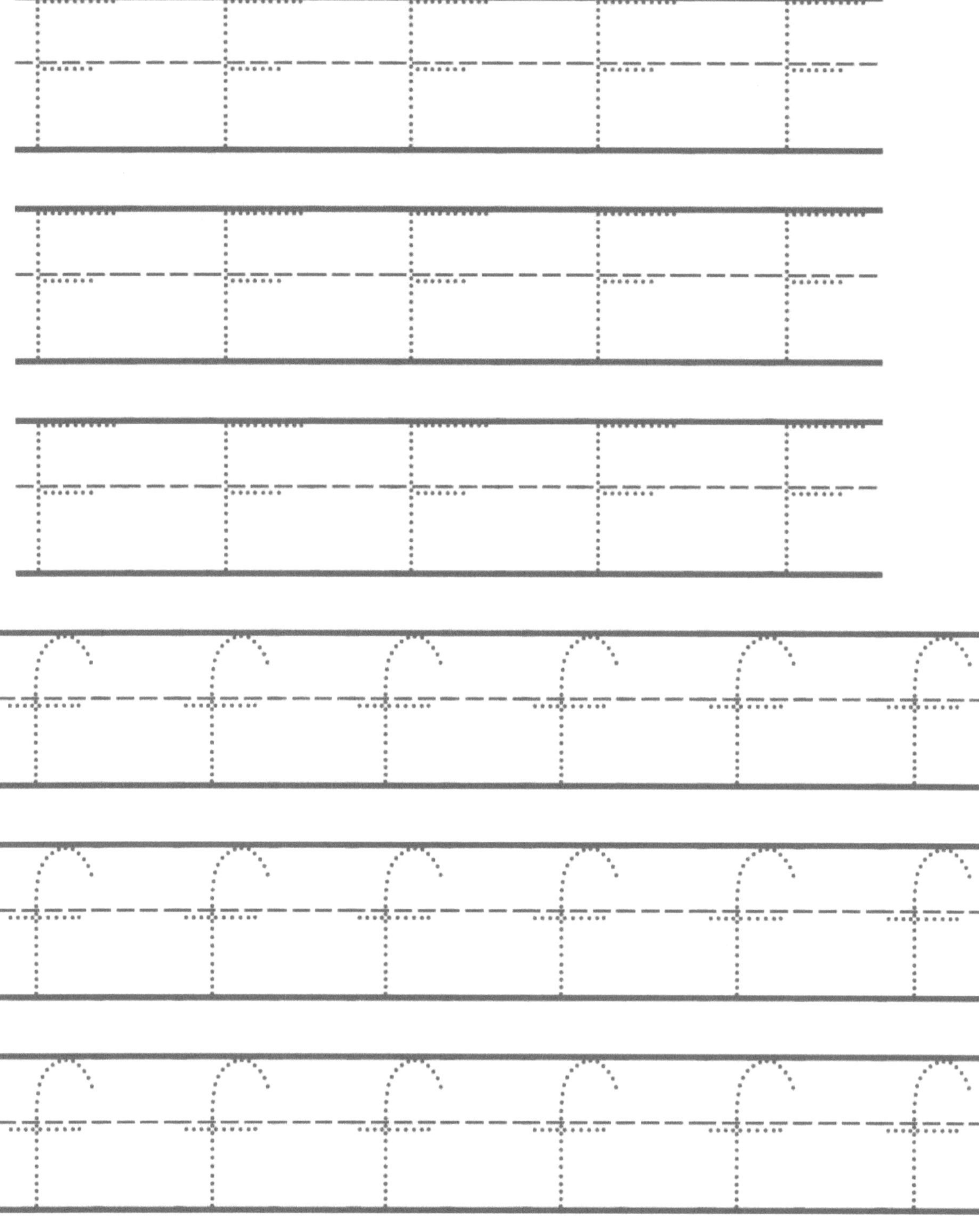

G g

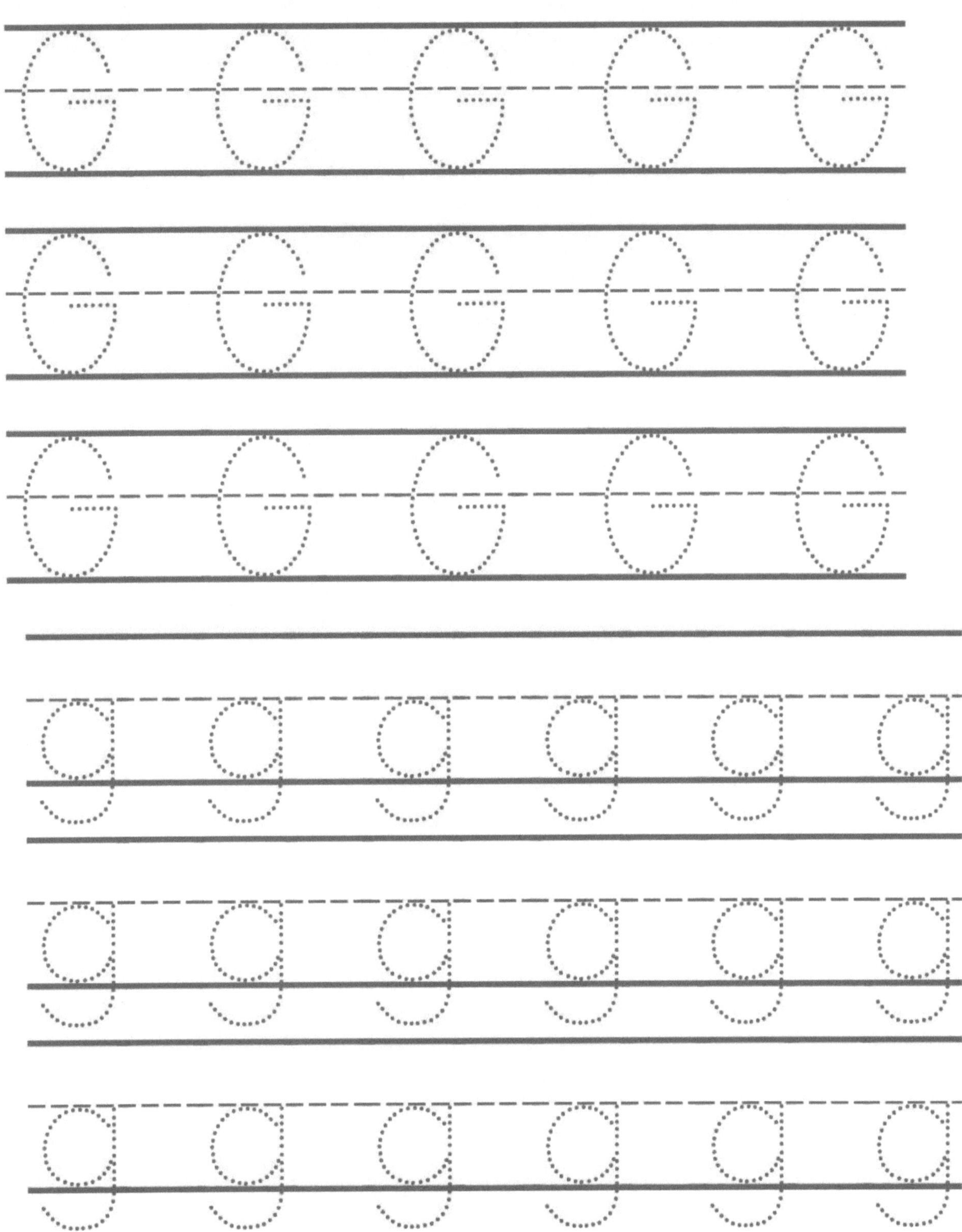

G g

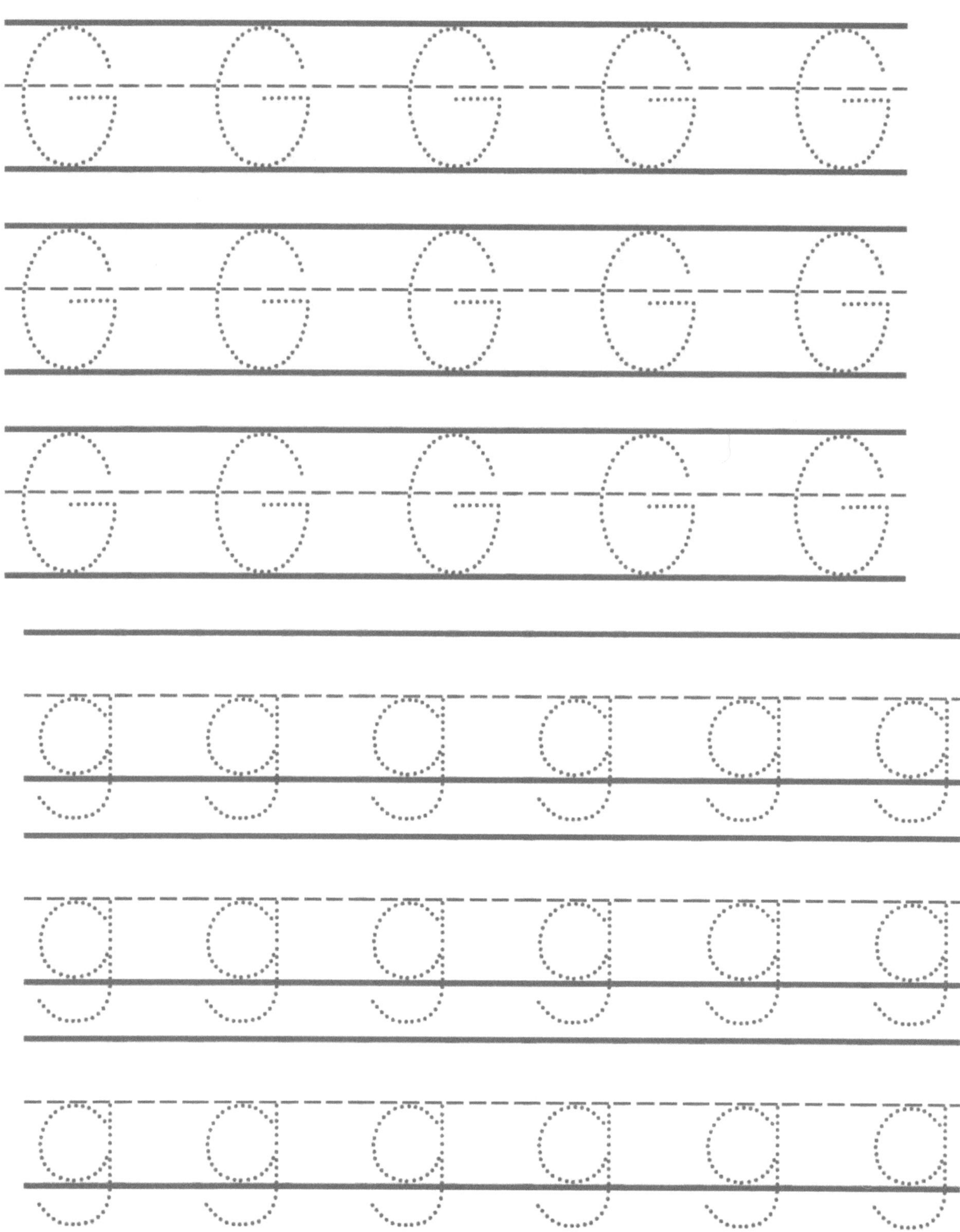

G g

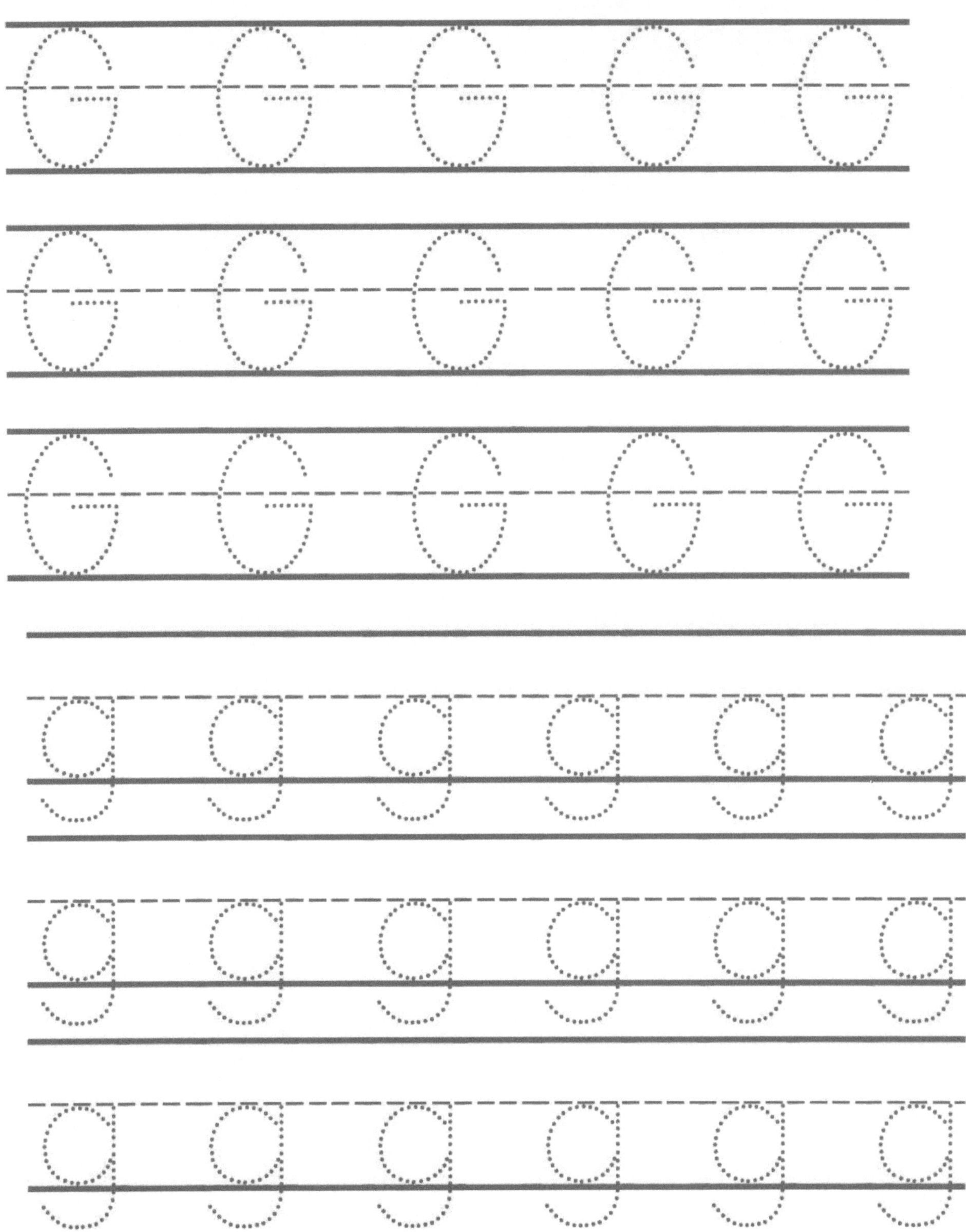

G g

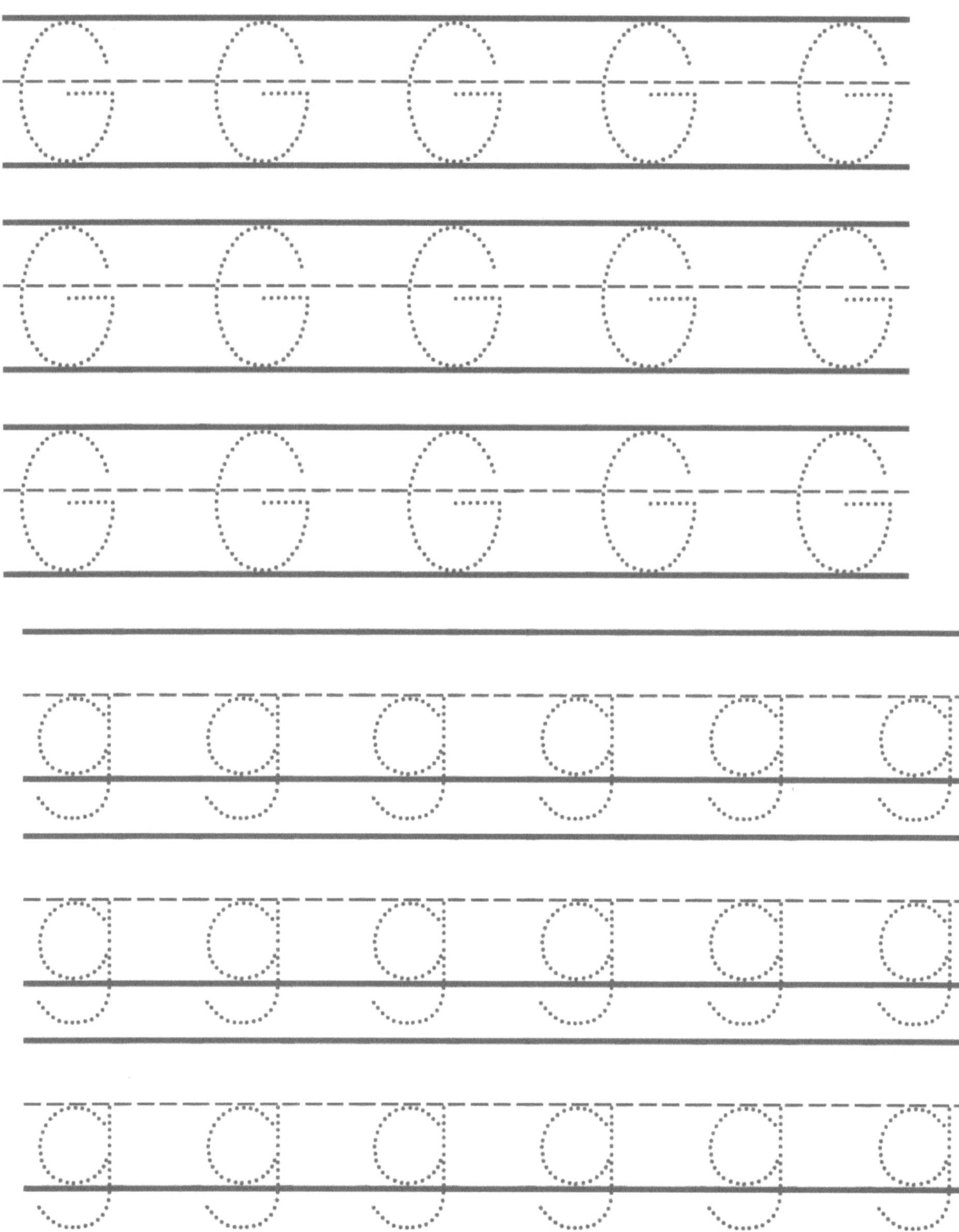

H h

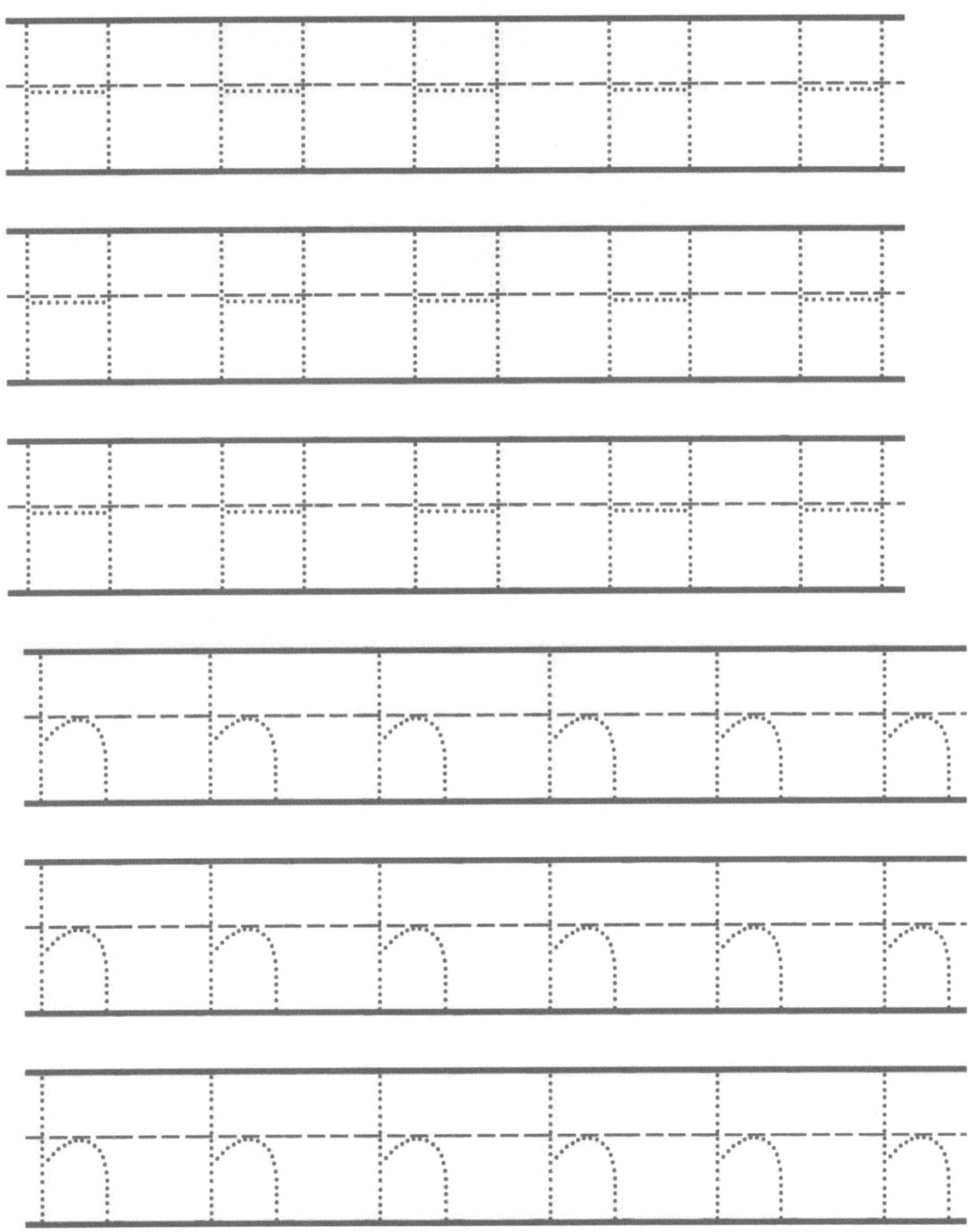

Hh

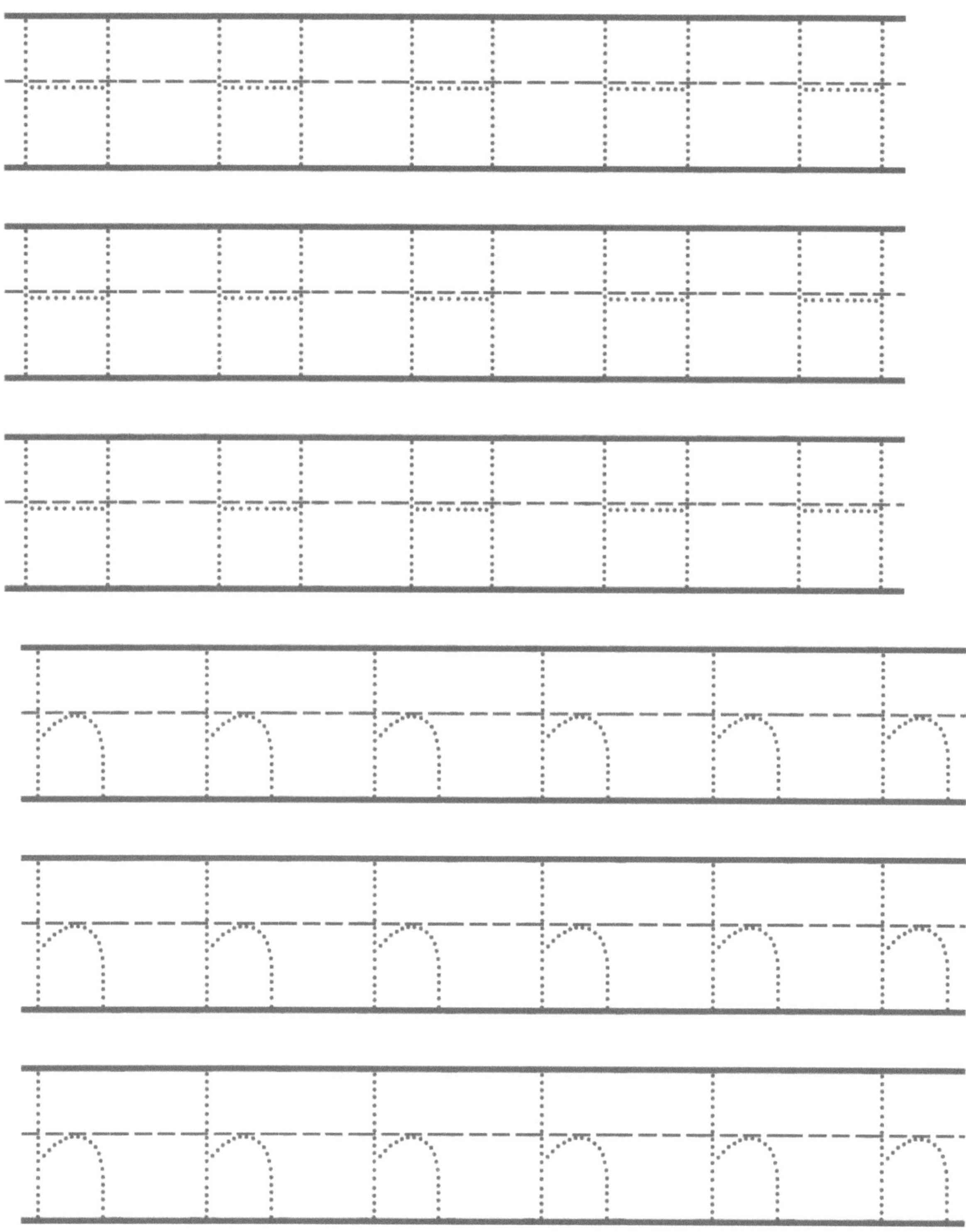

Hh

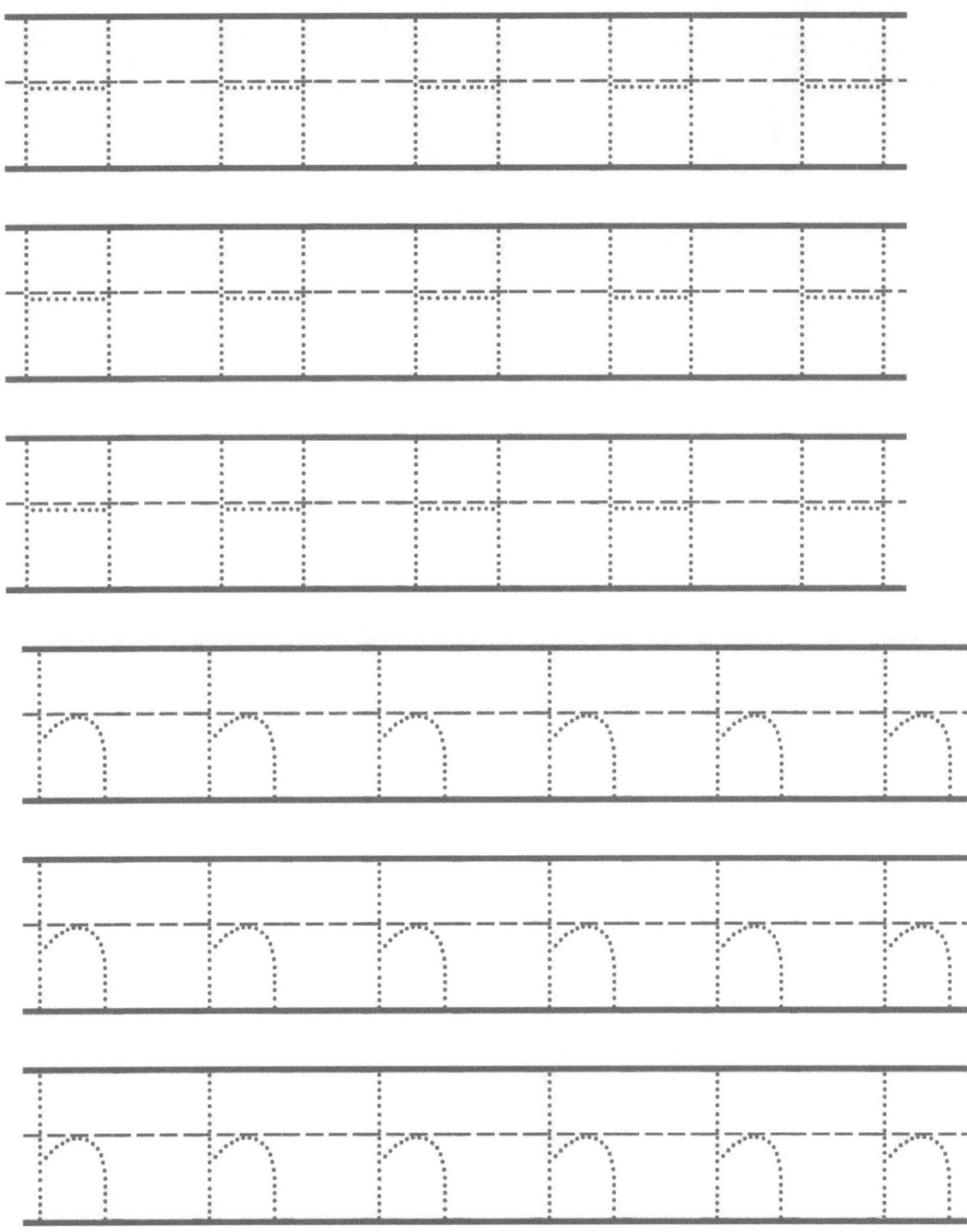

H h

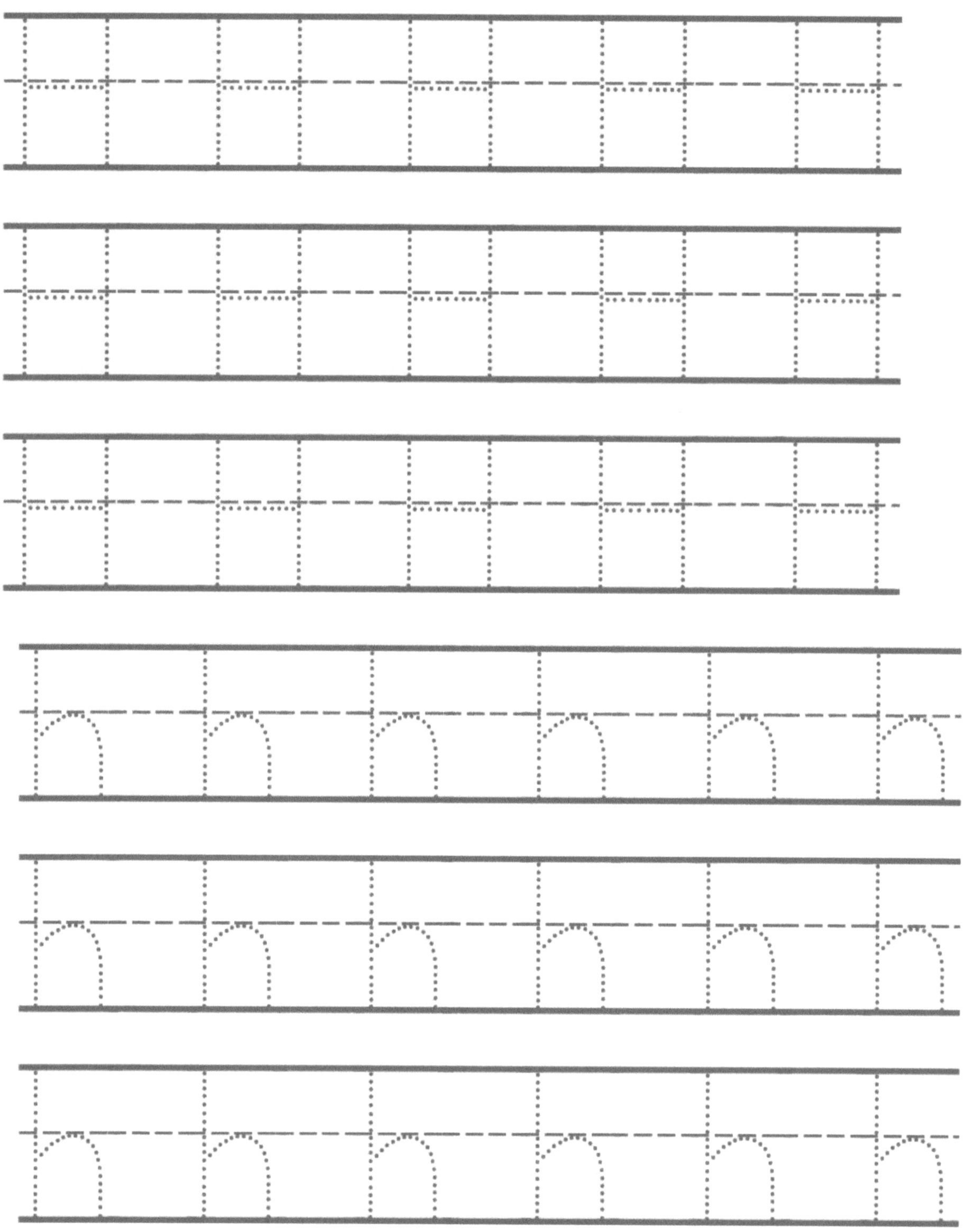

I i

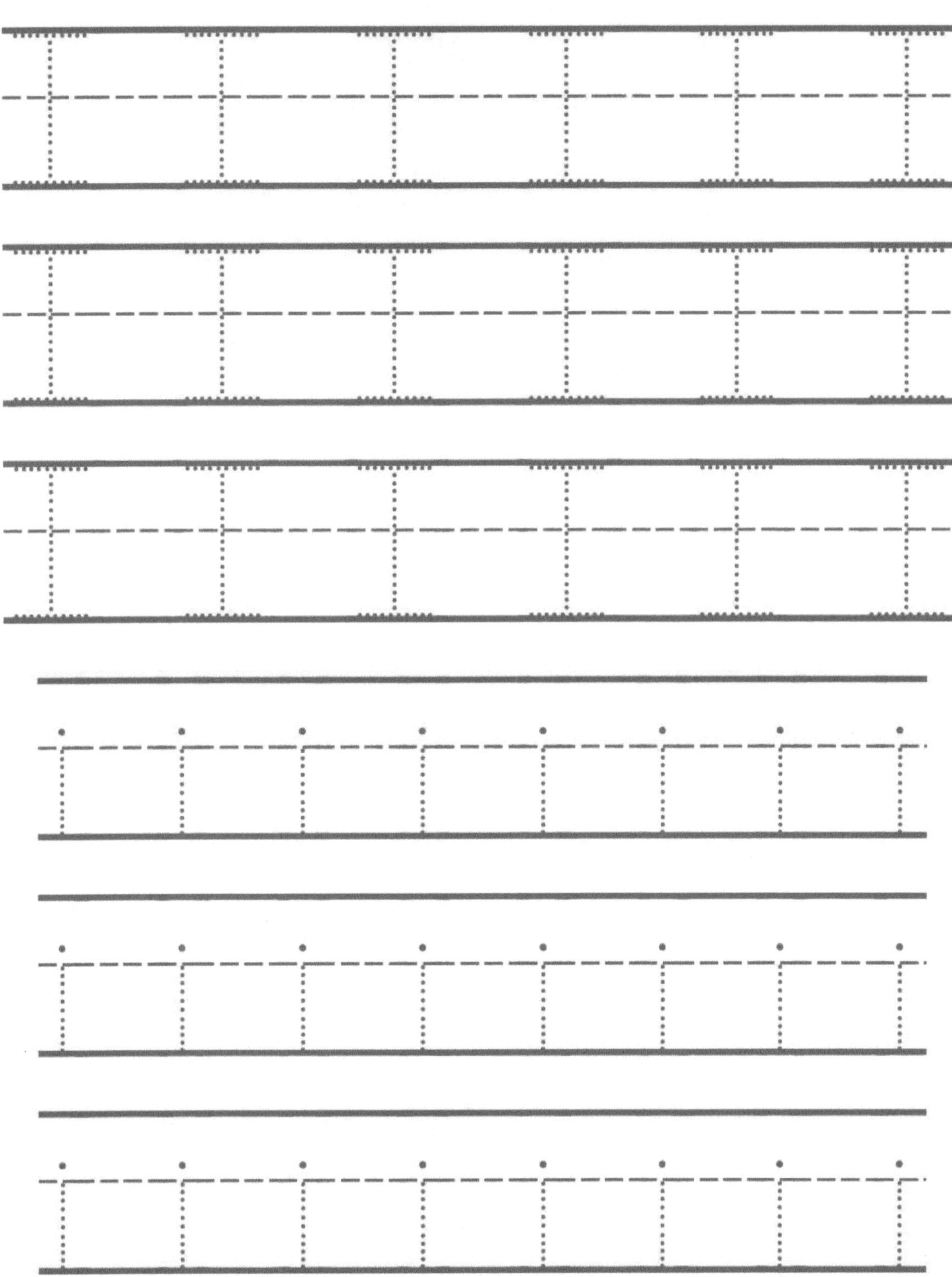

I i

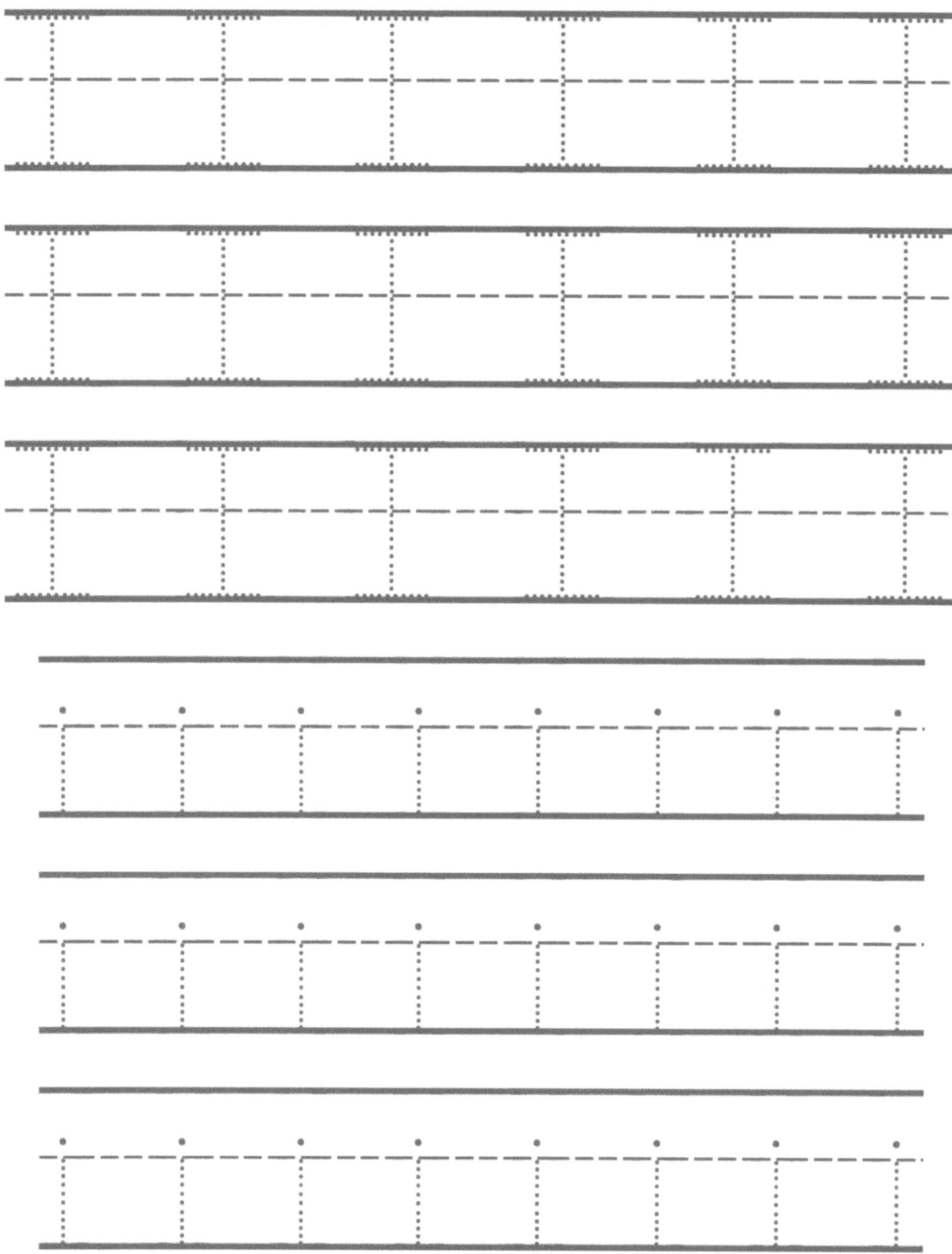

I i

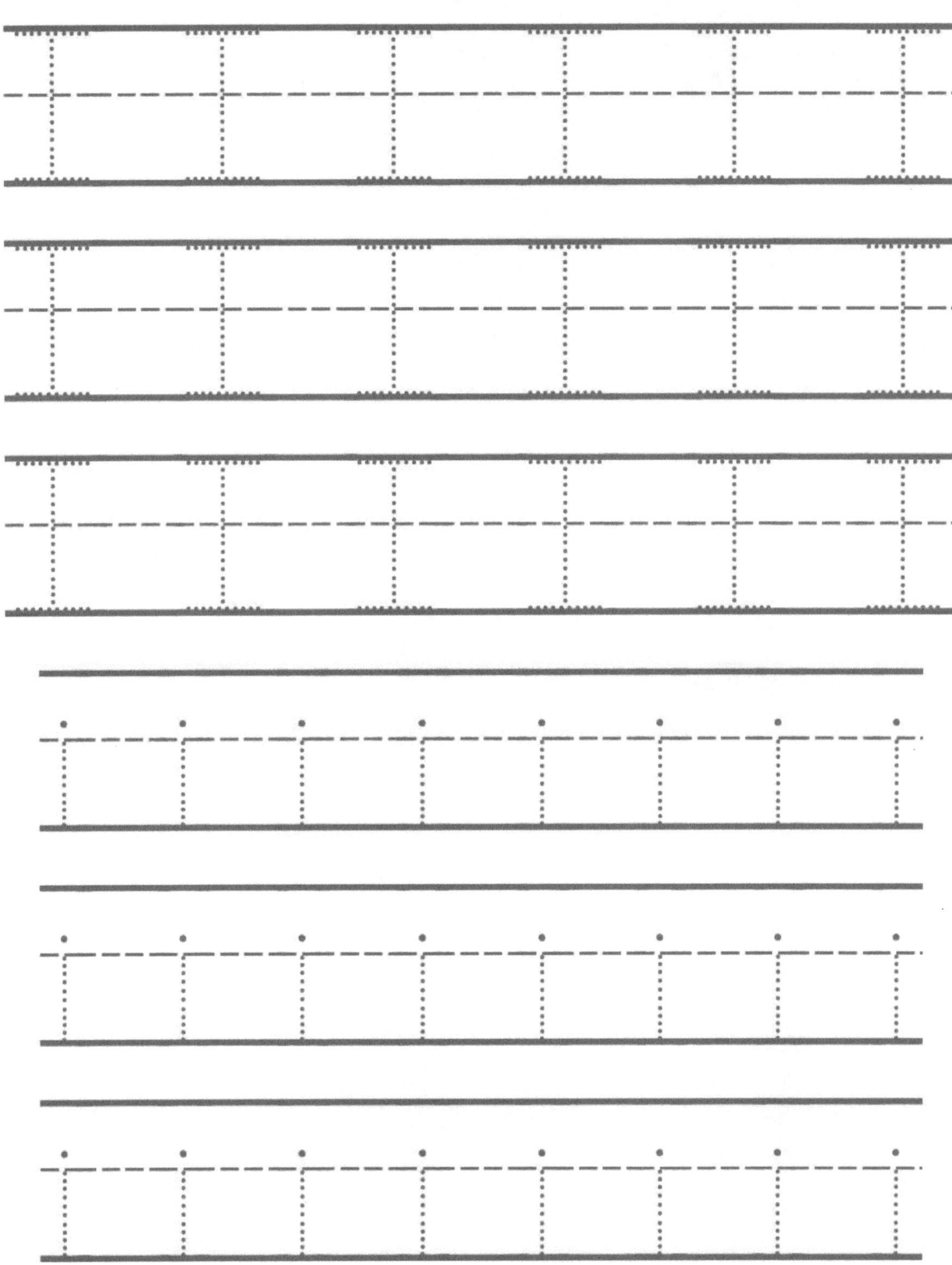

I i

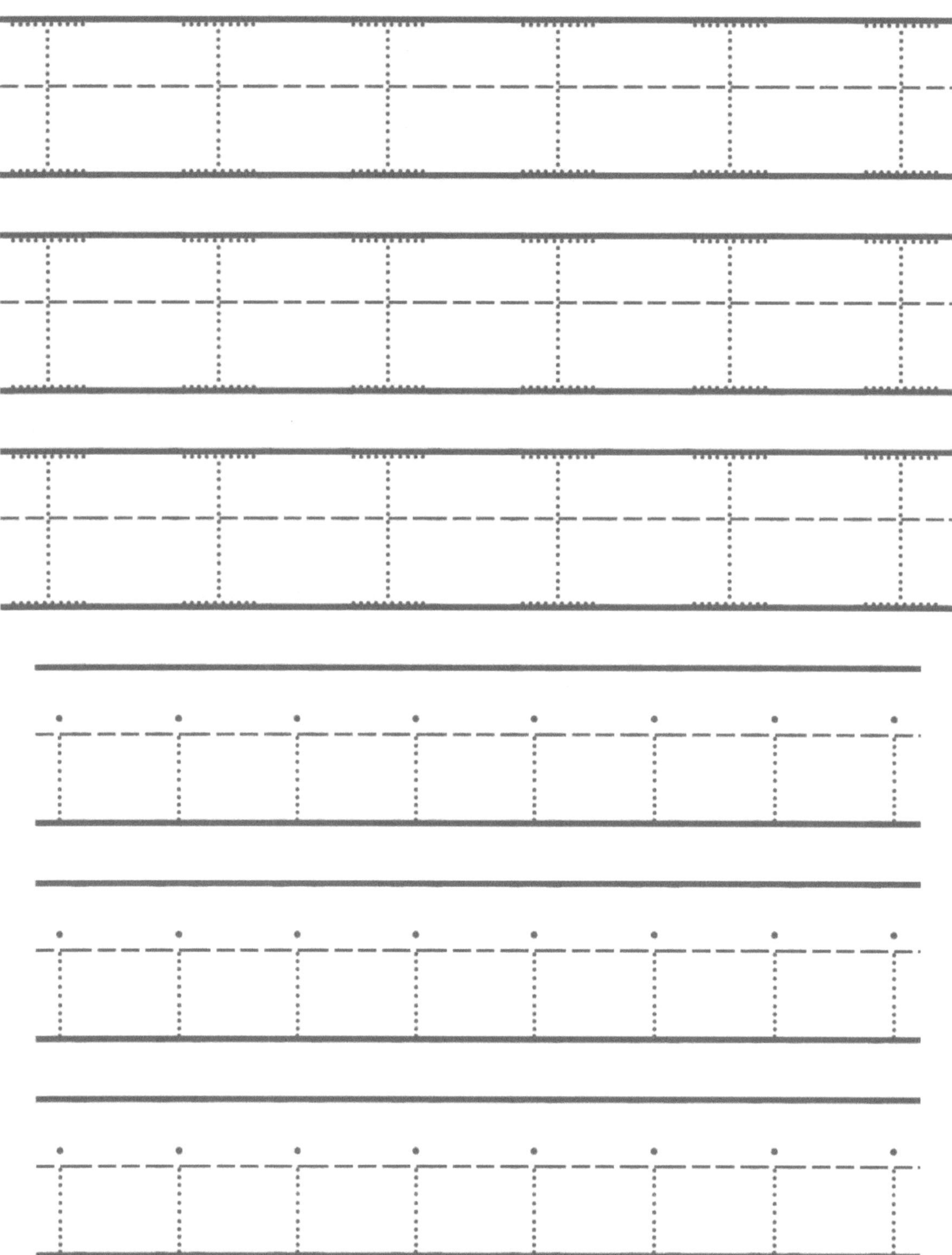

J j

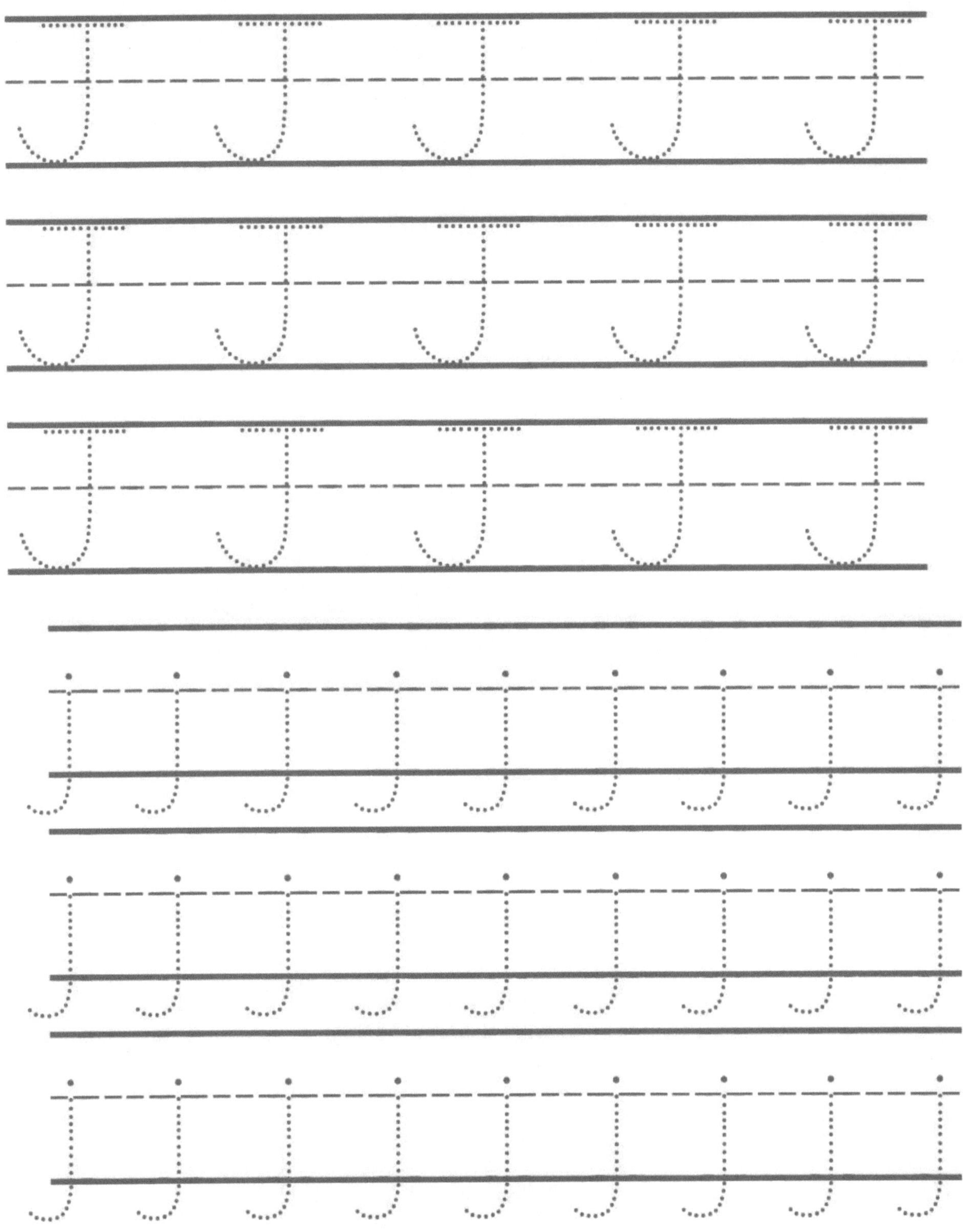

J j

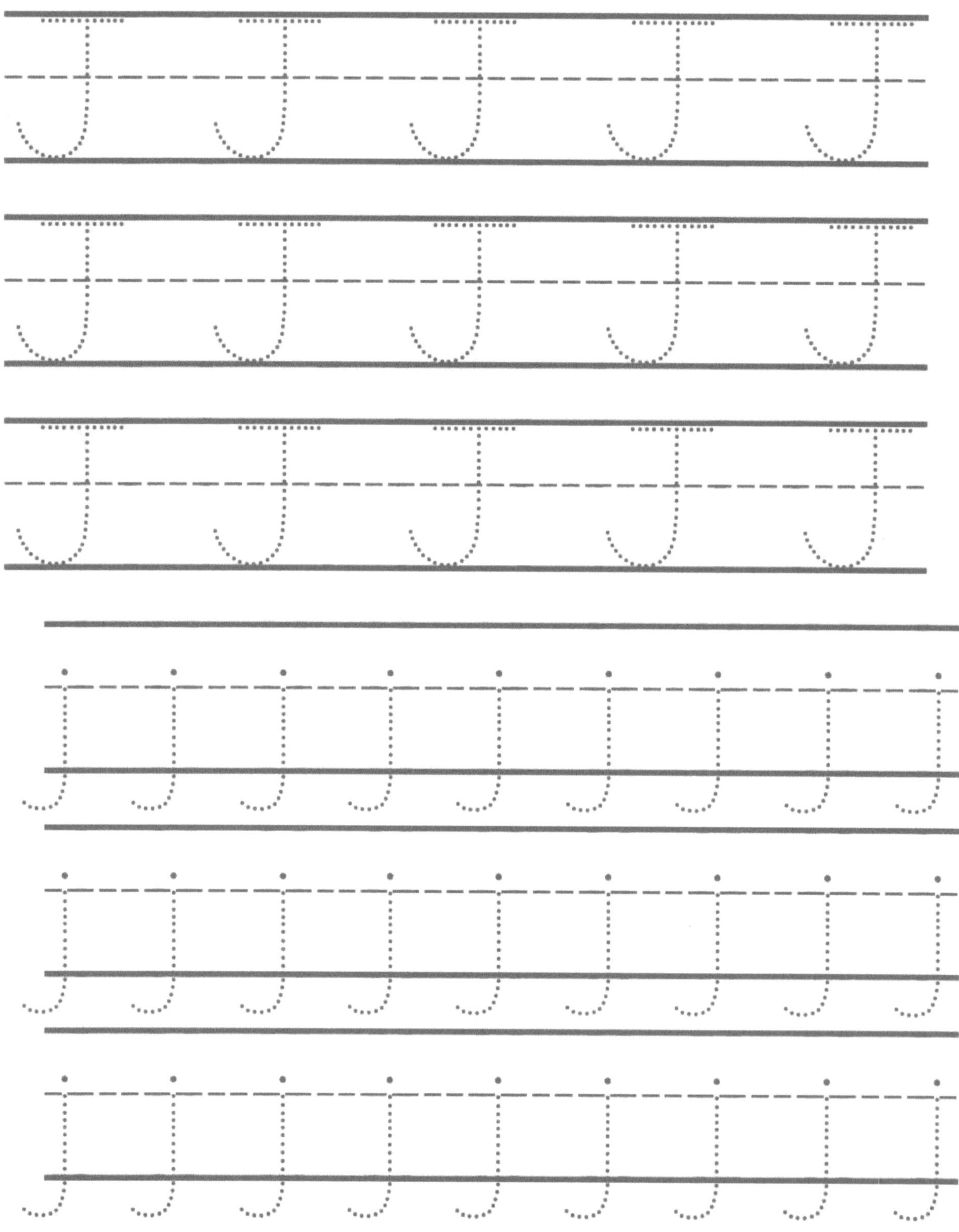

J j

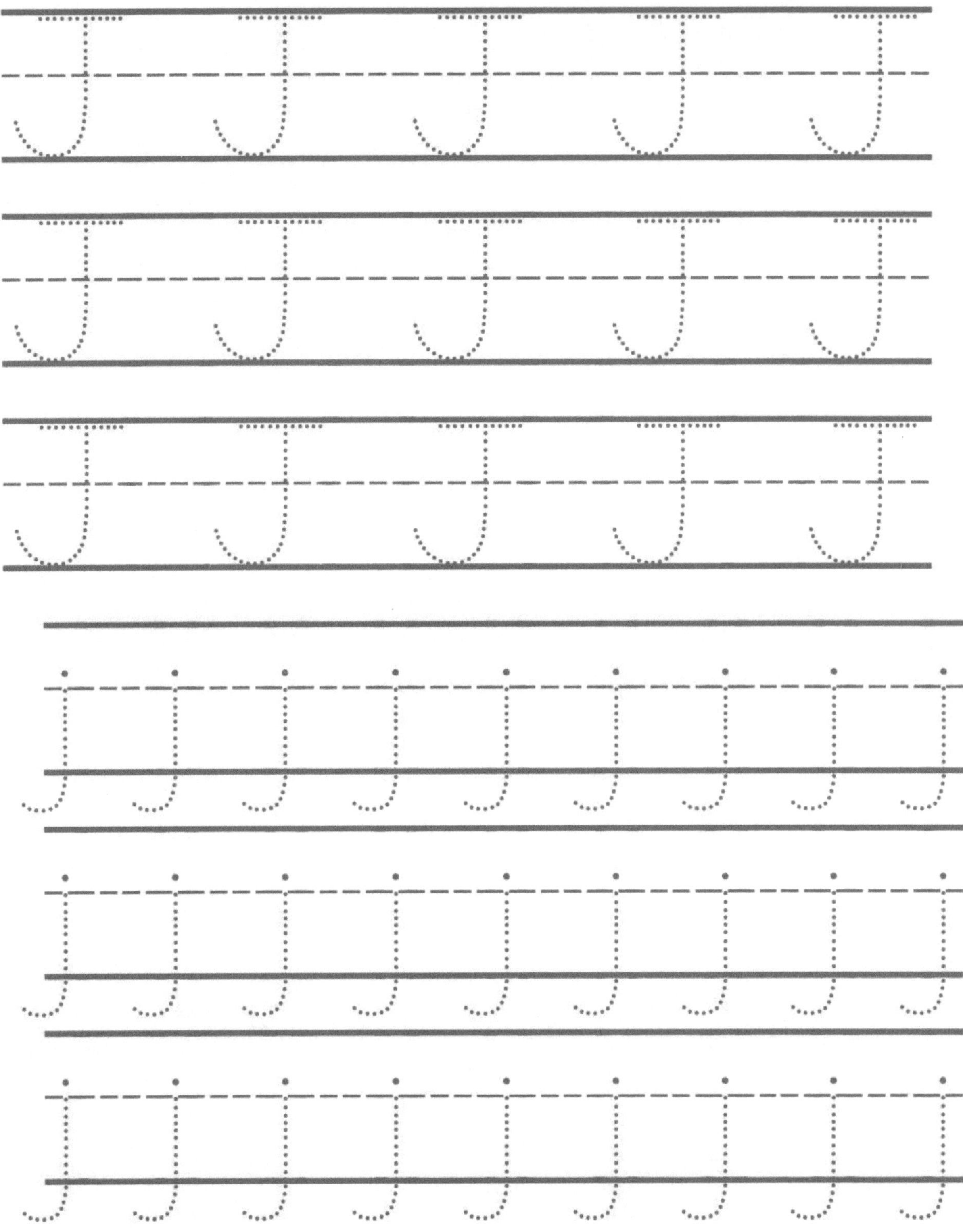

J j

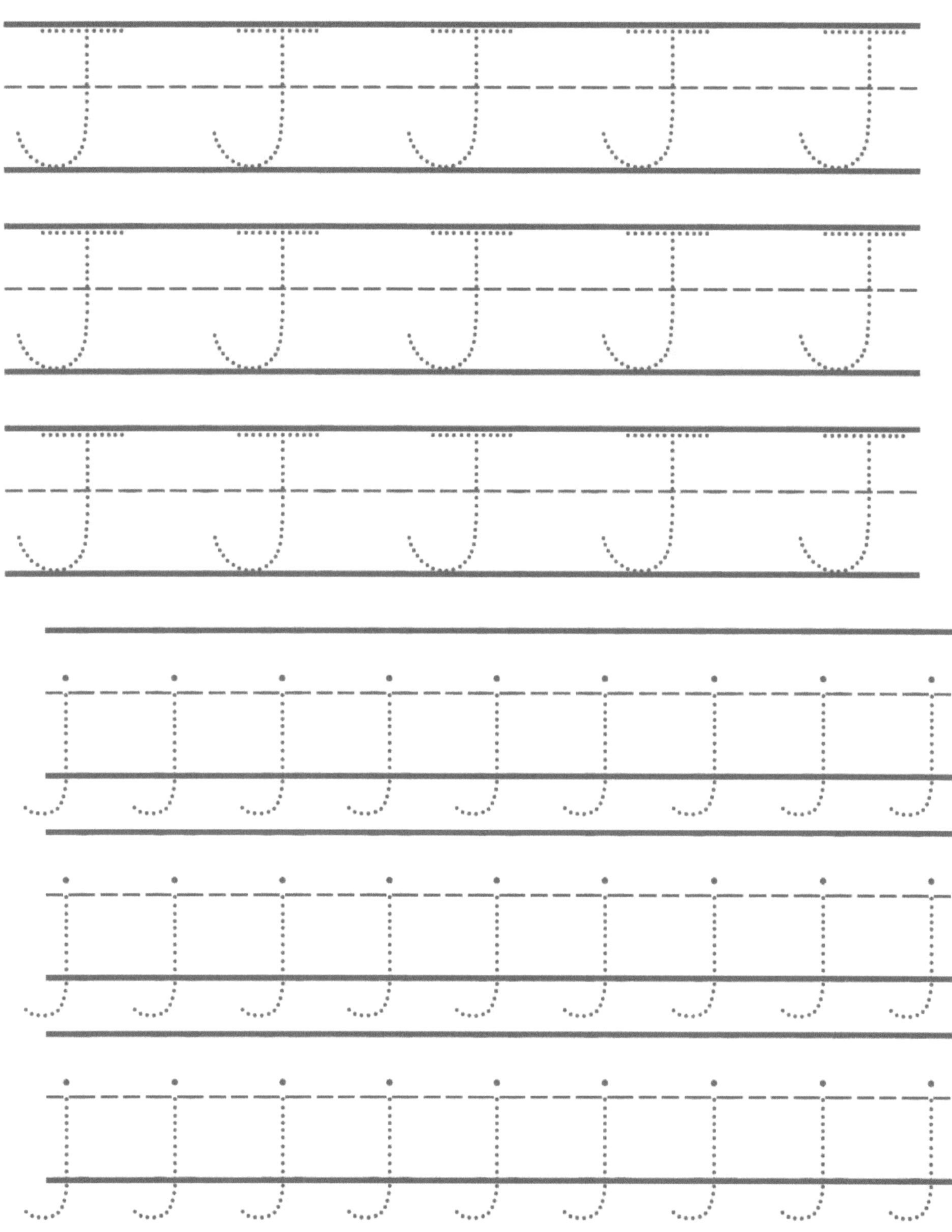

K k

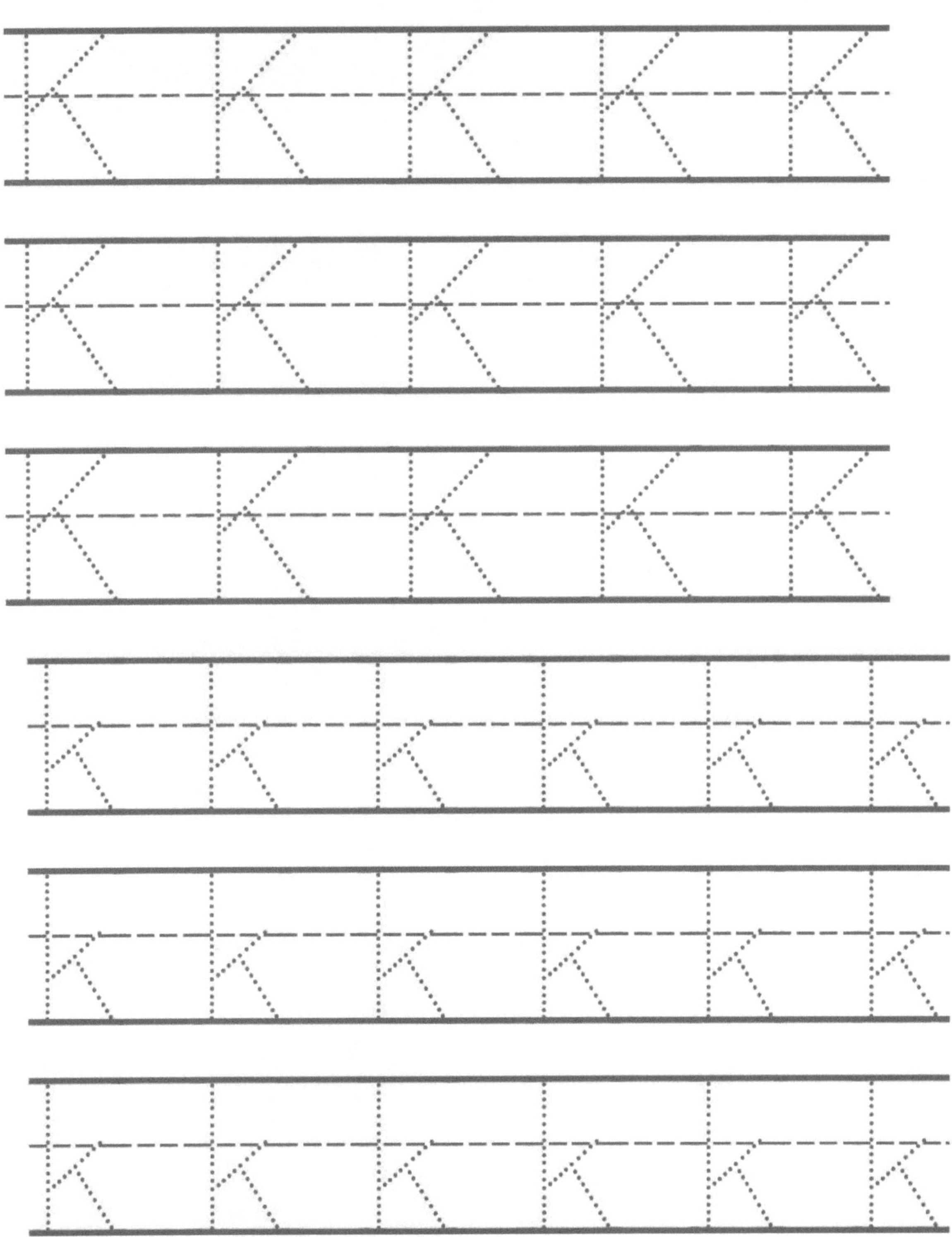

K k

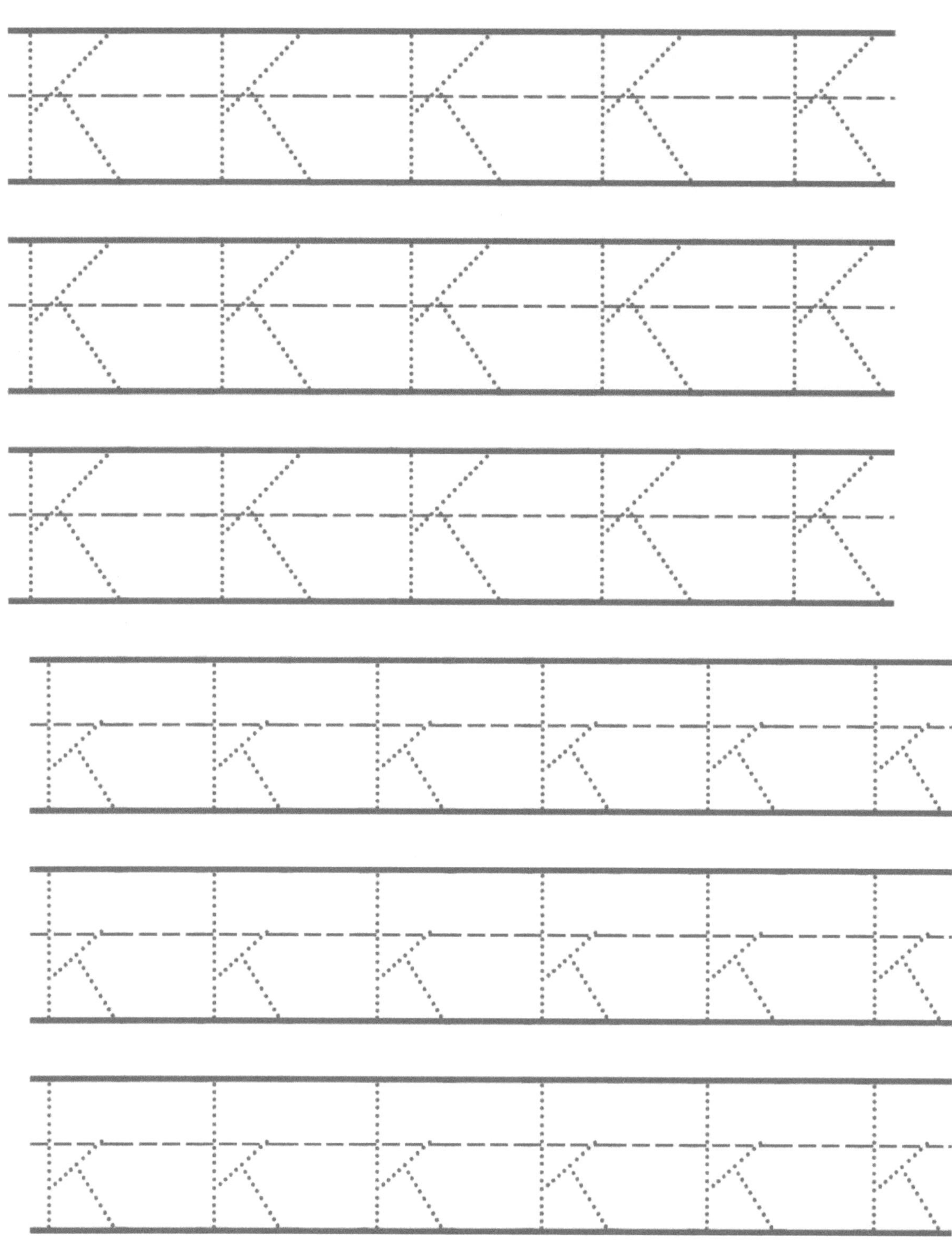

K k

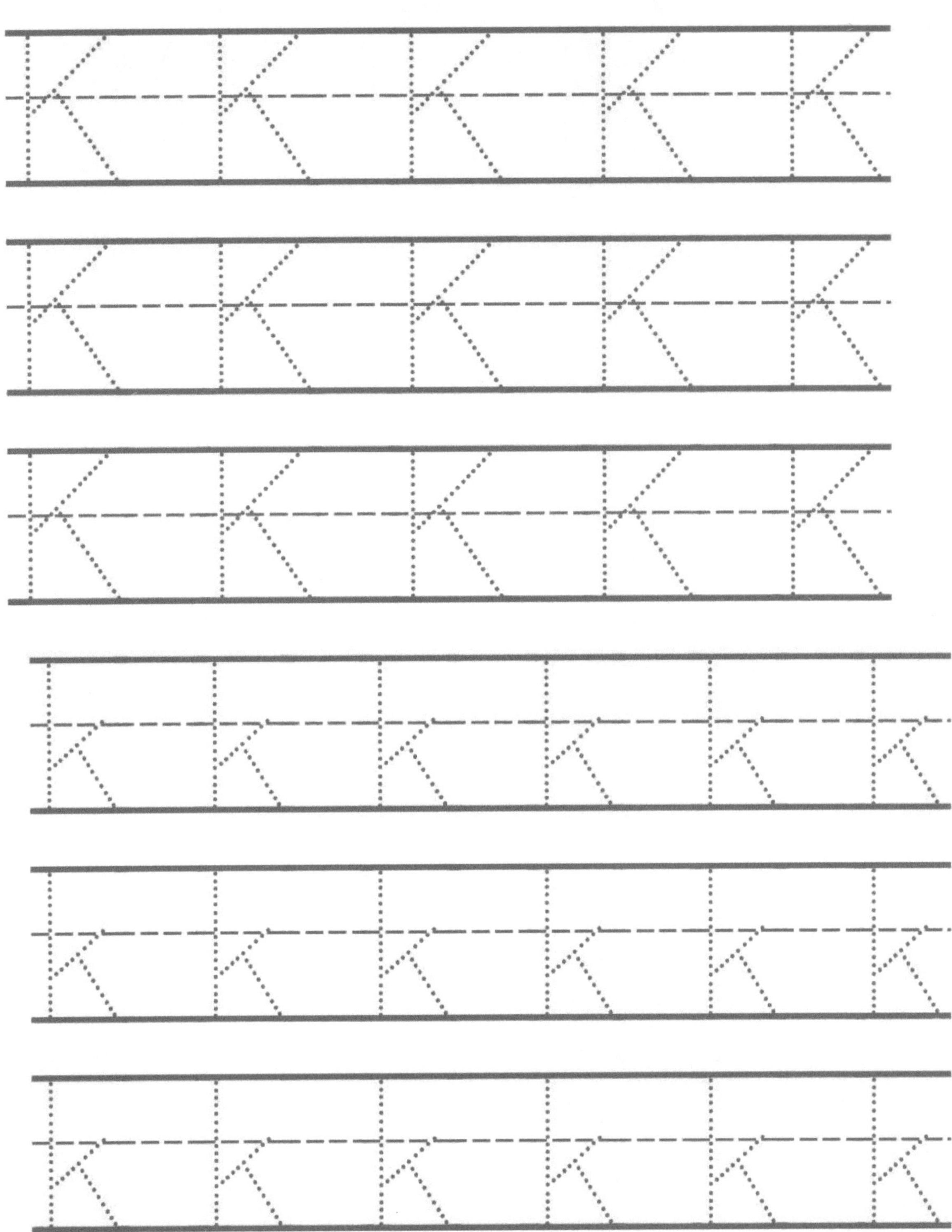

K k

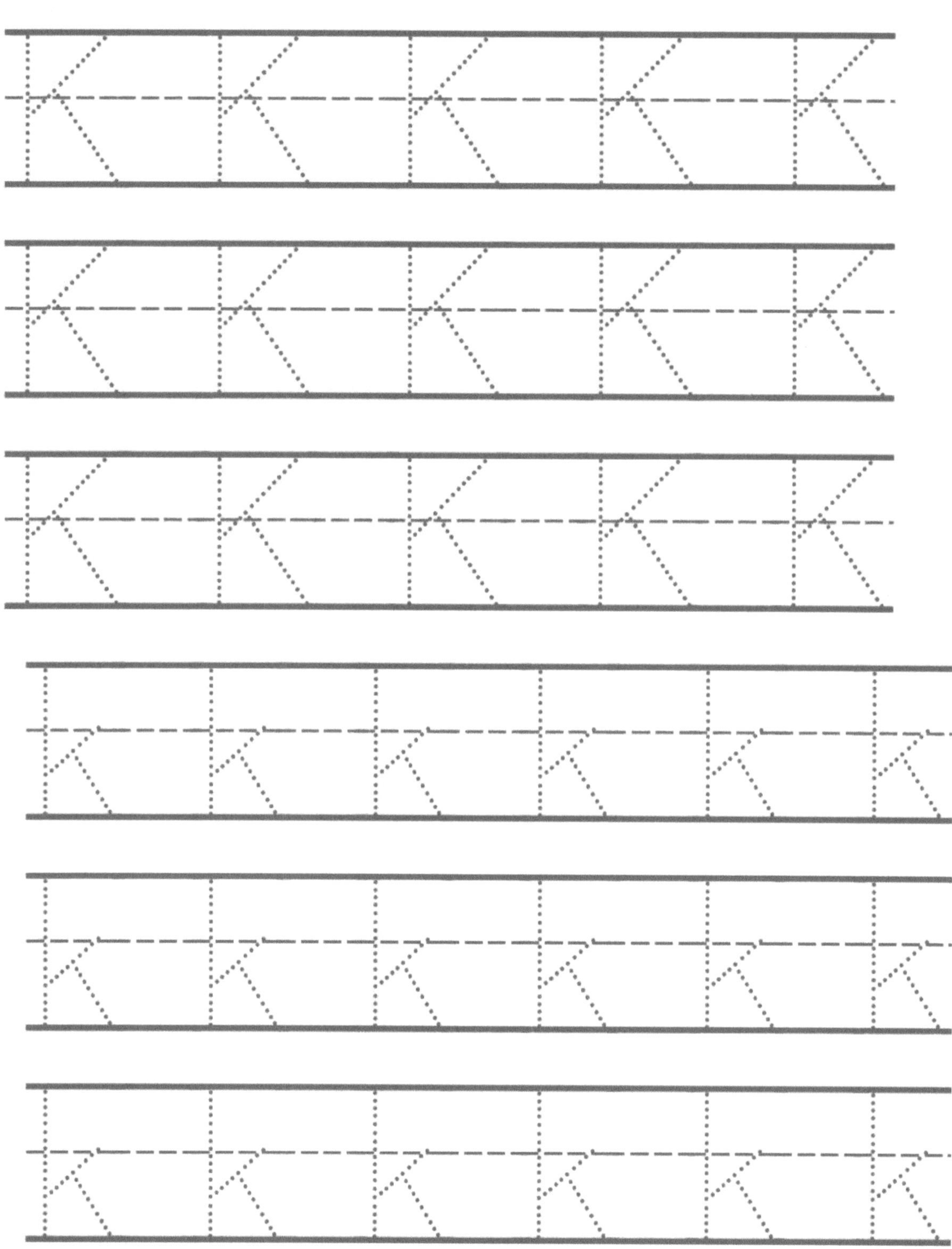

L l

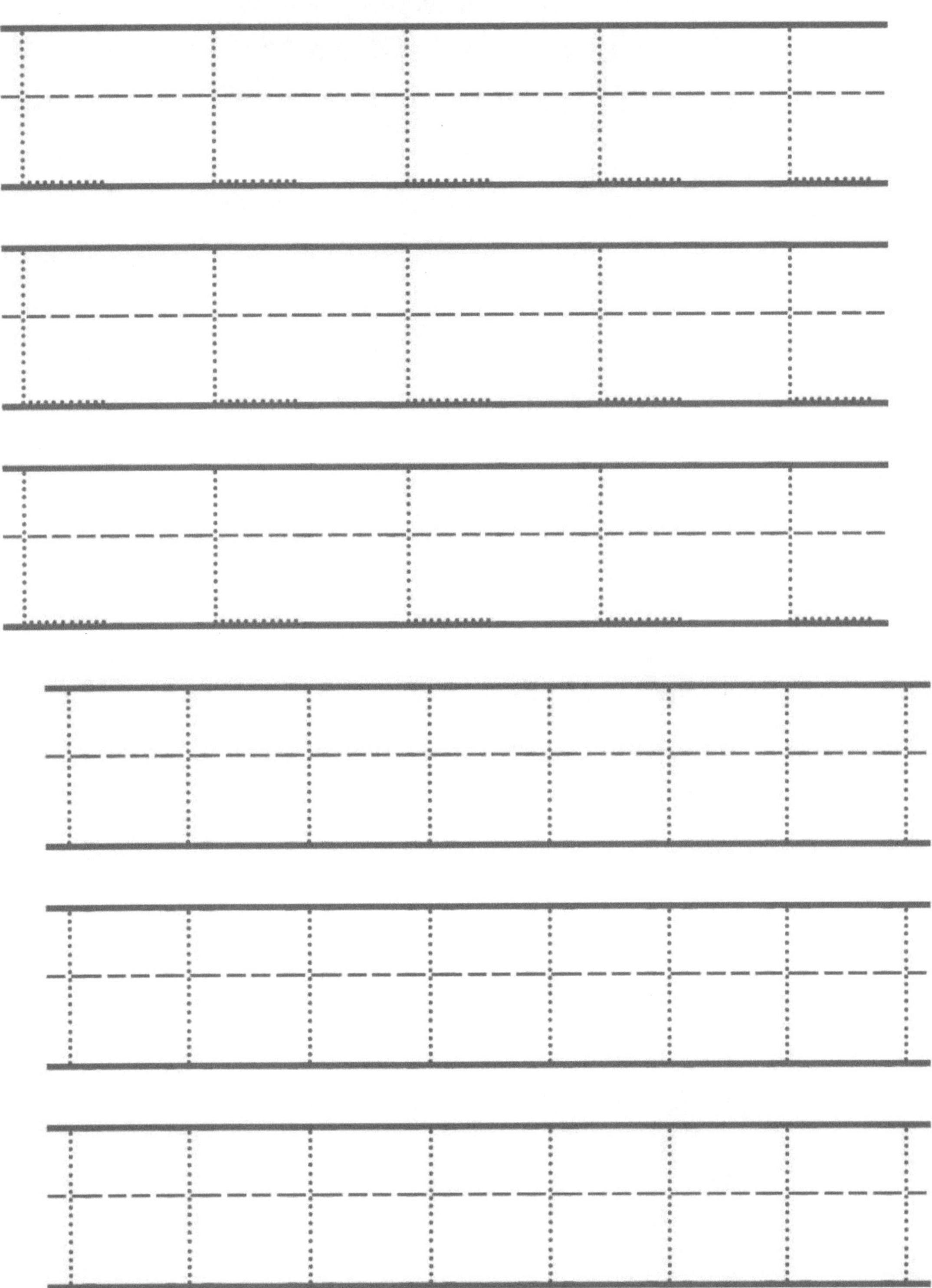

L l

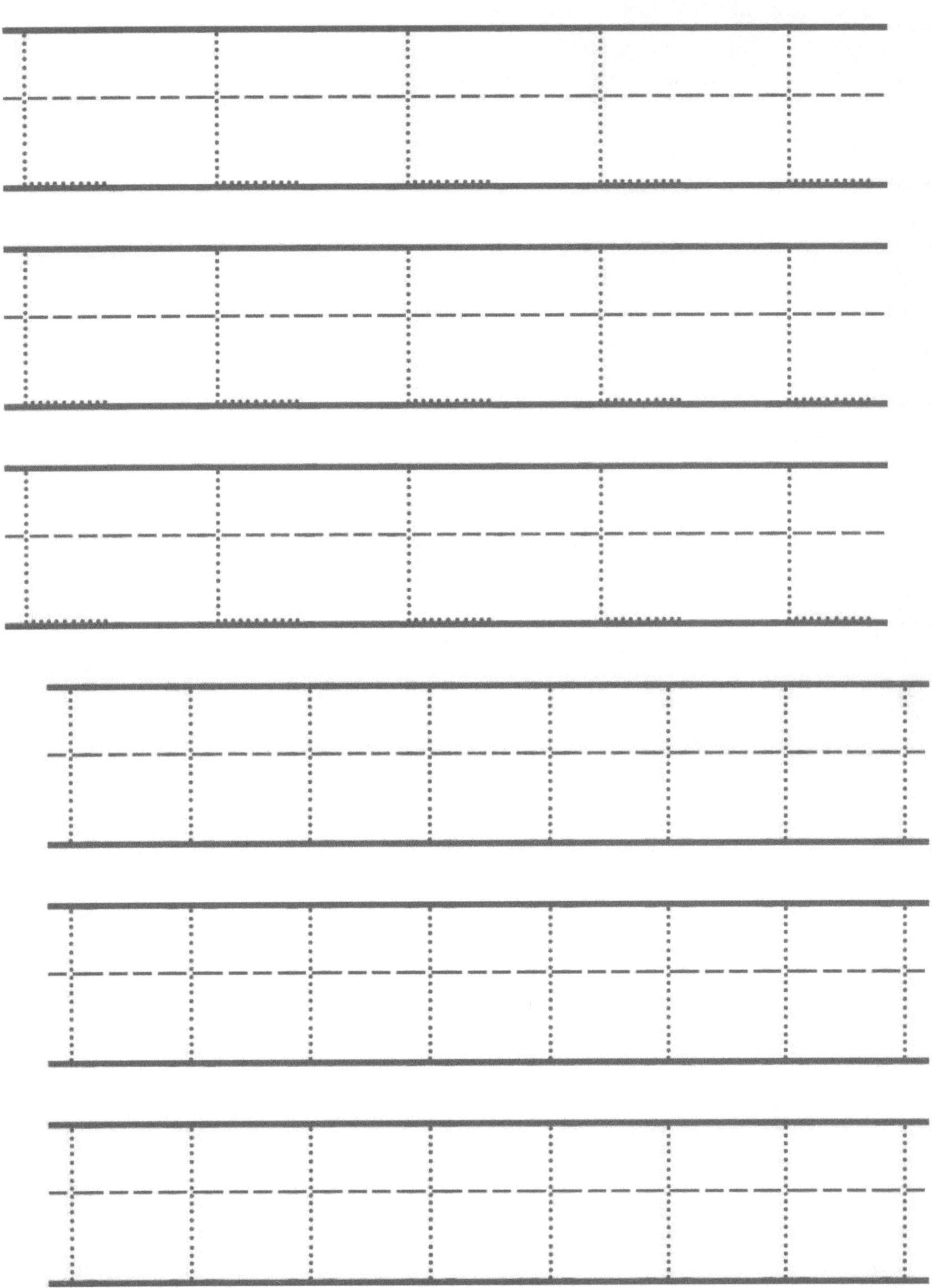

M m

M m

M m

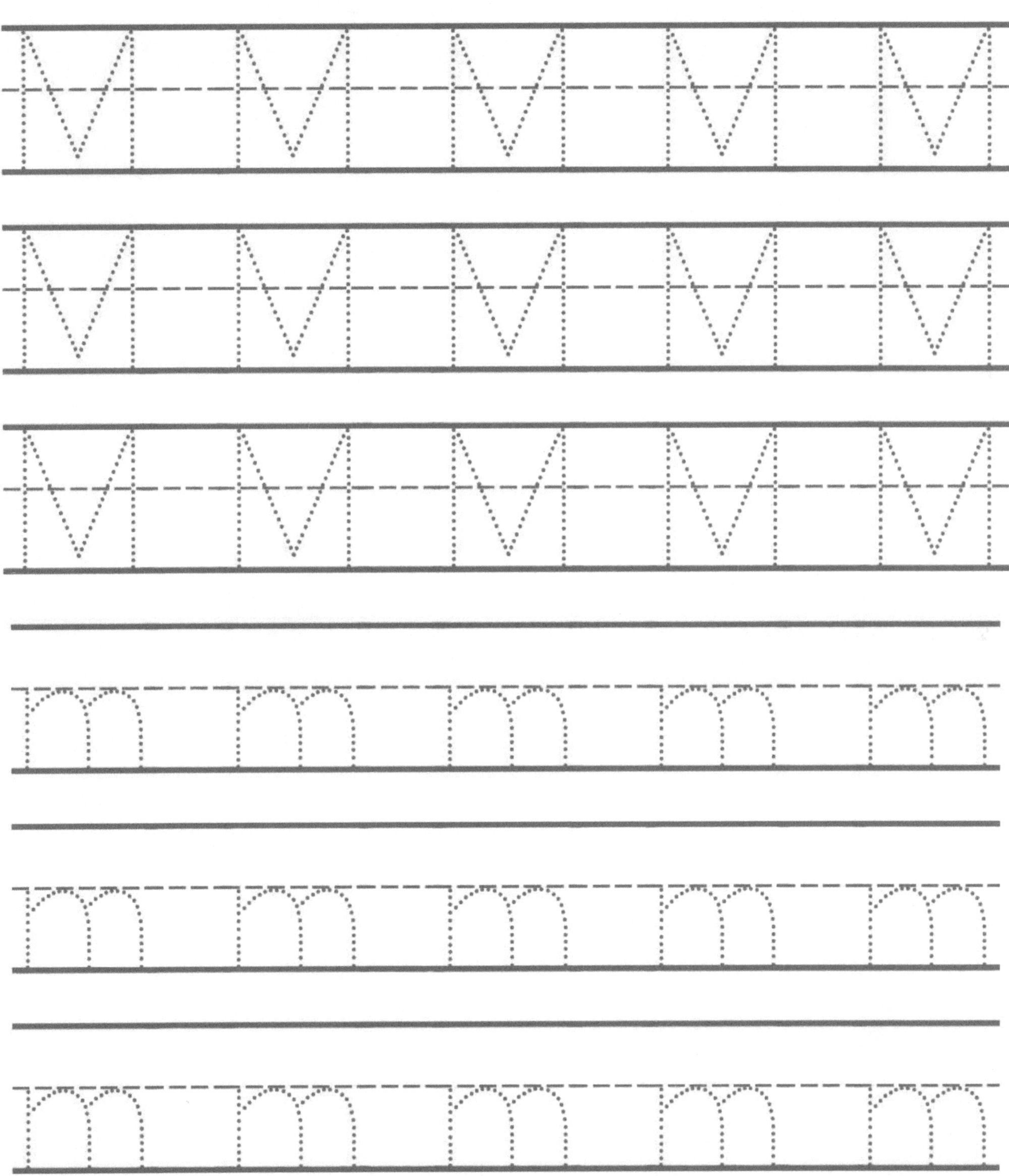

M m

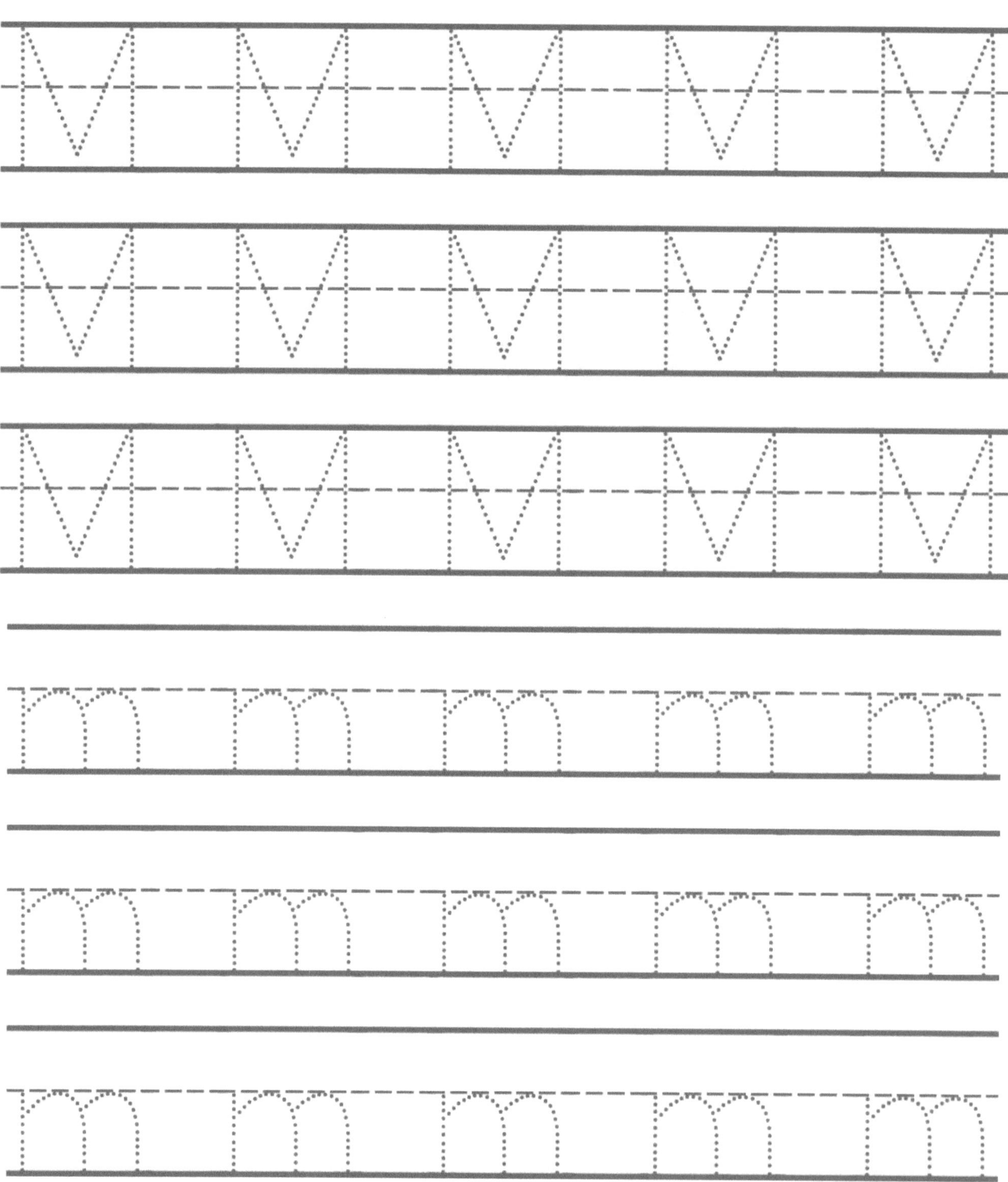

N n

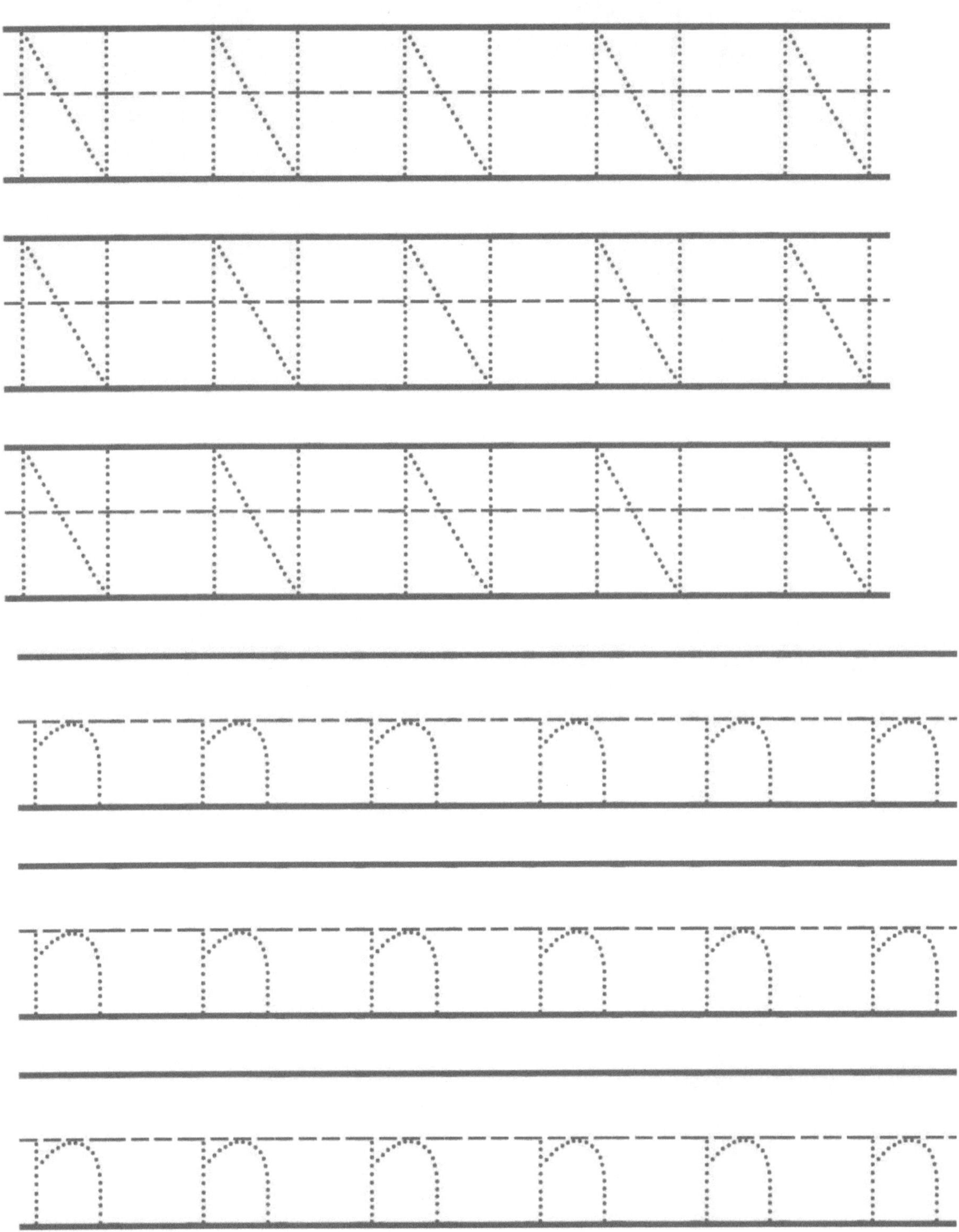

N n

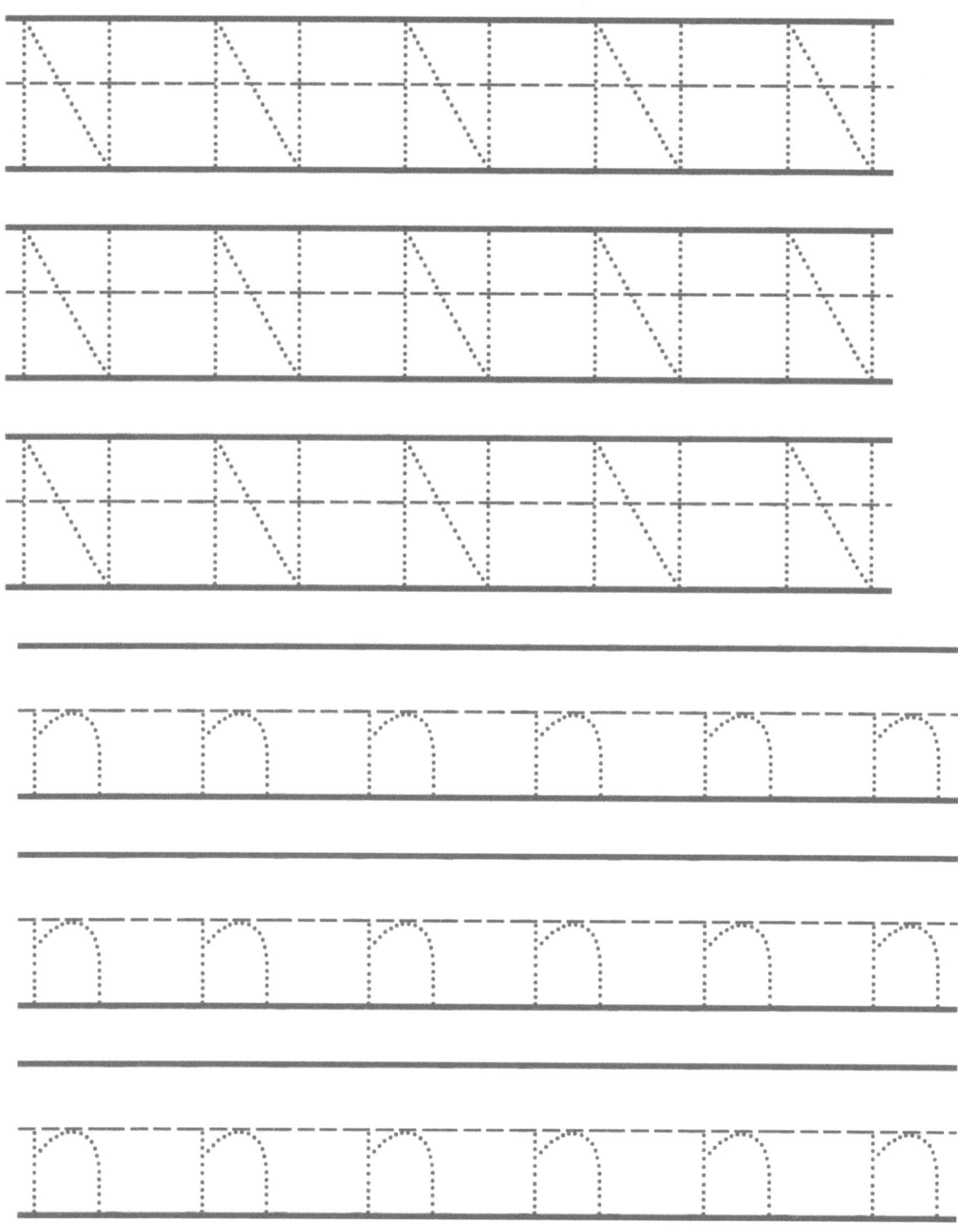

N n

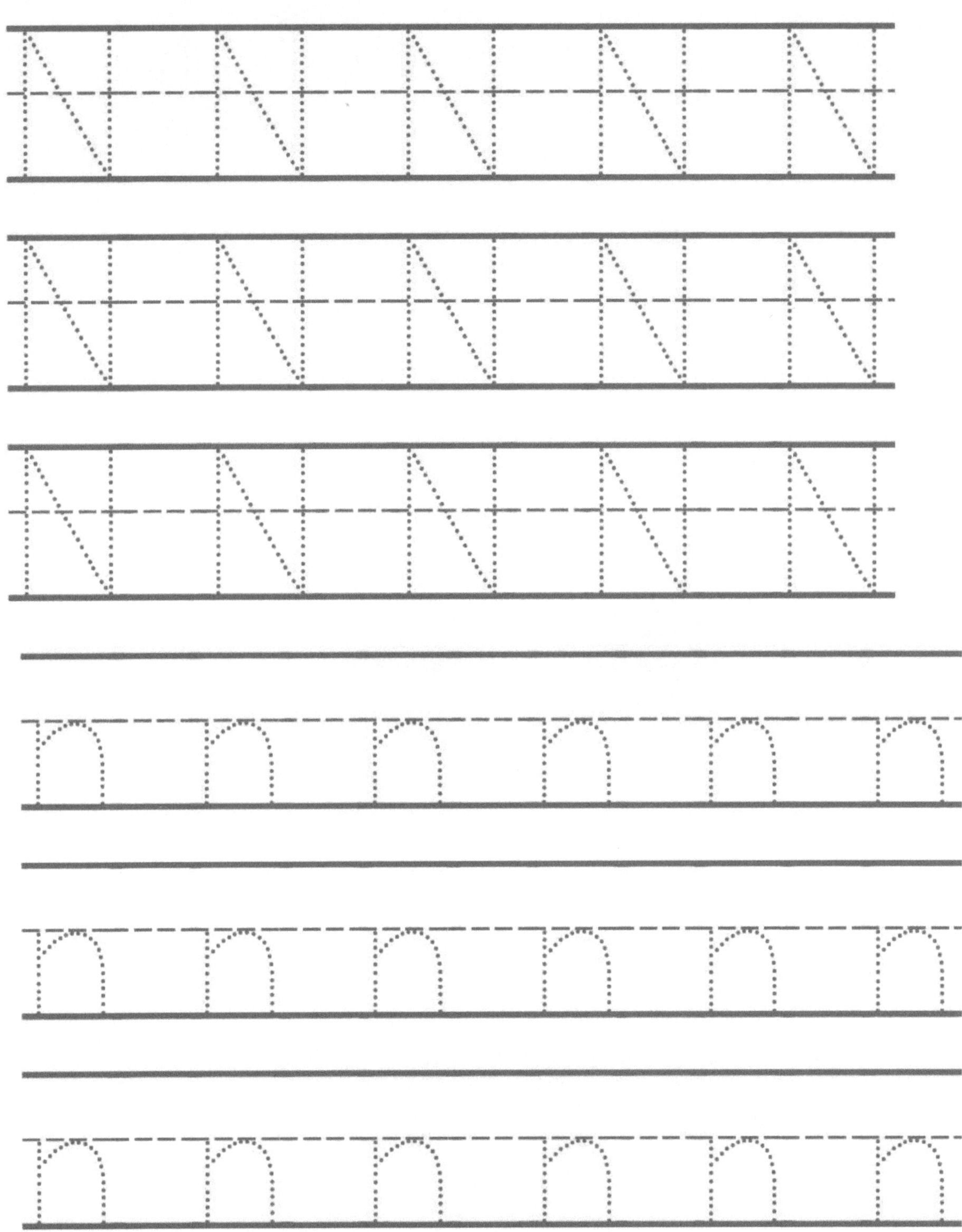

N n

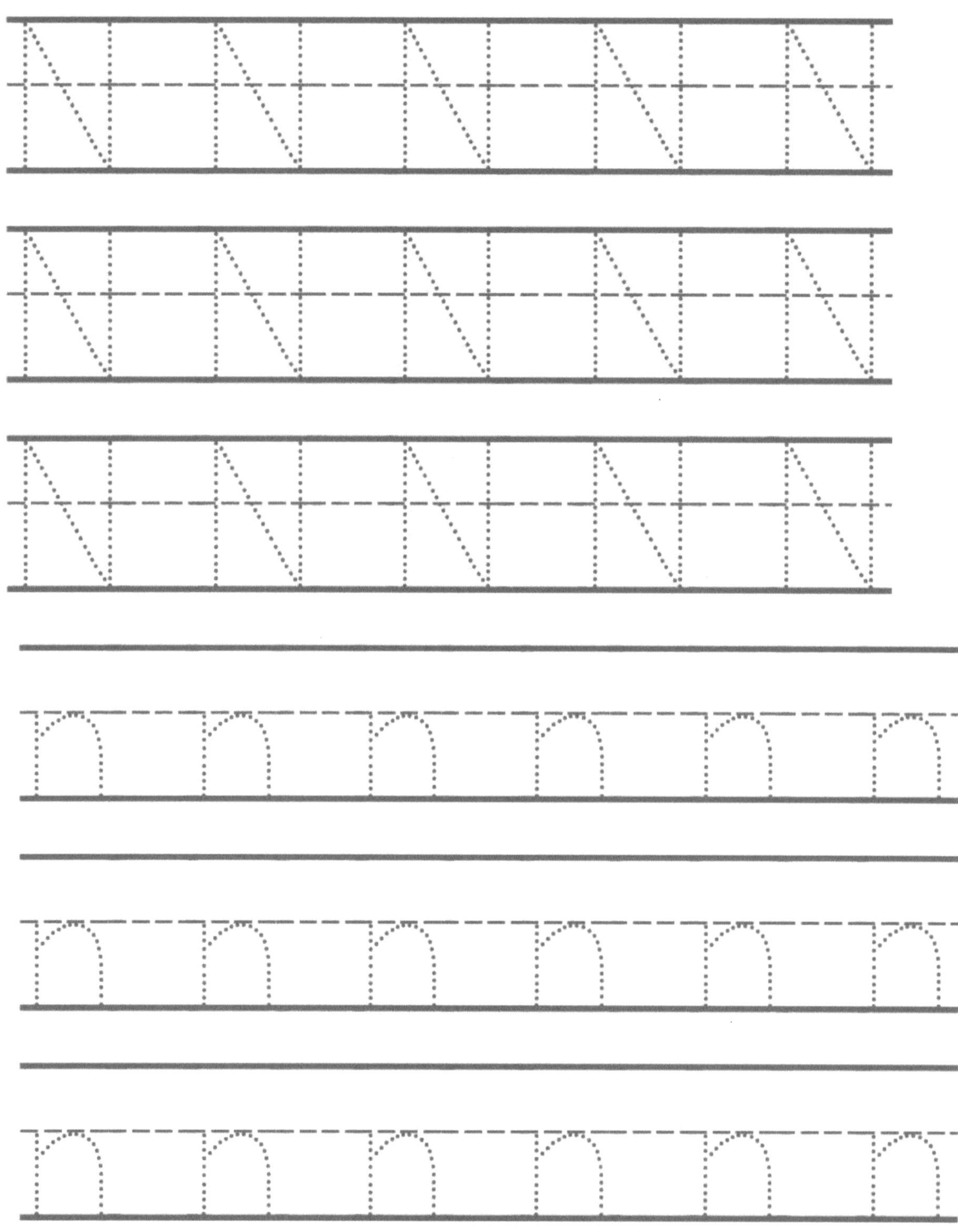

O o

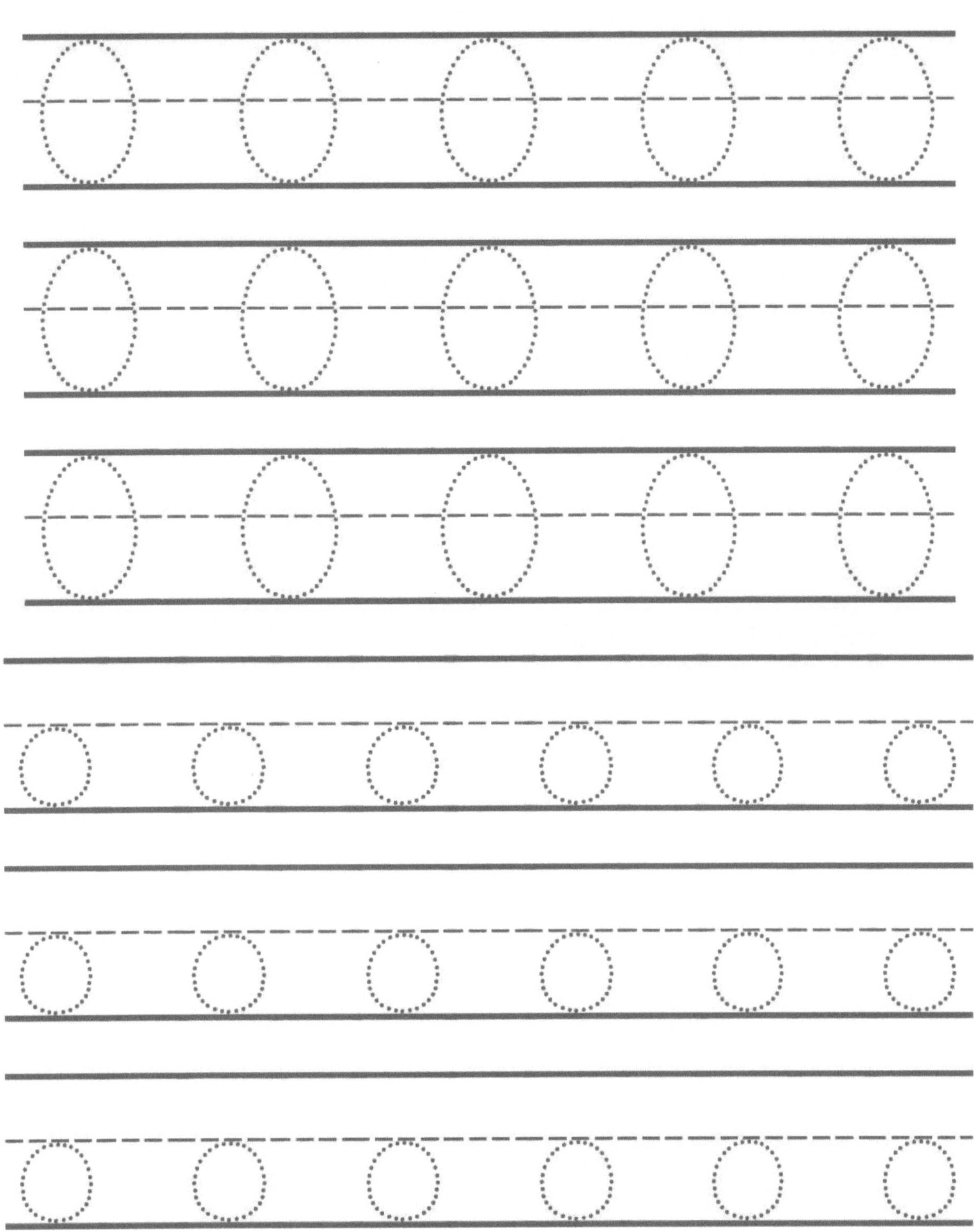

Oo

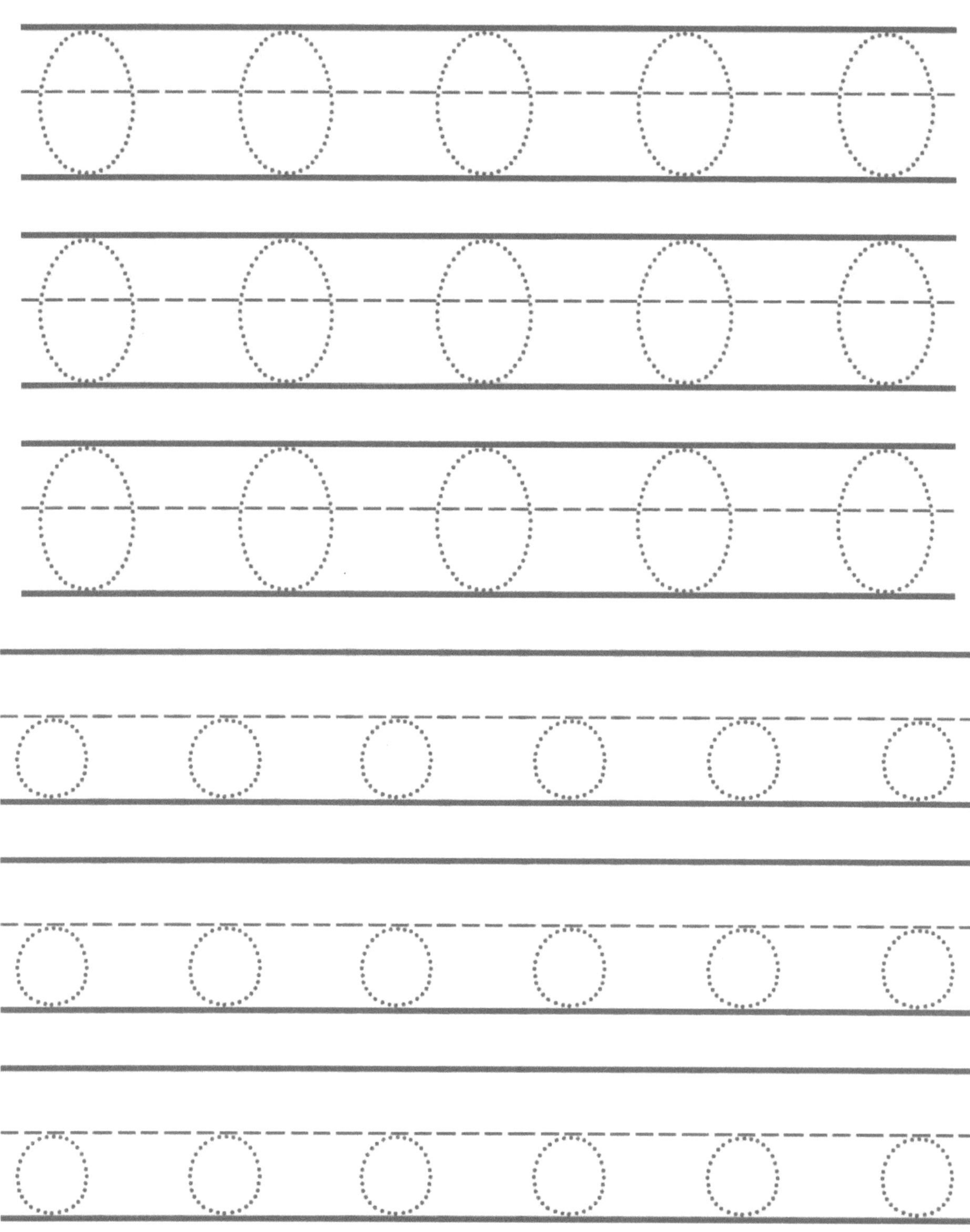

Oo

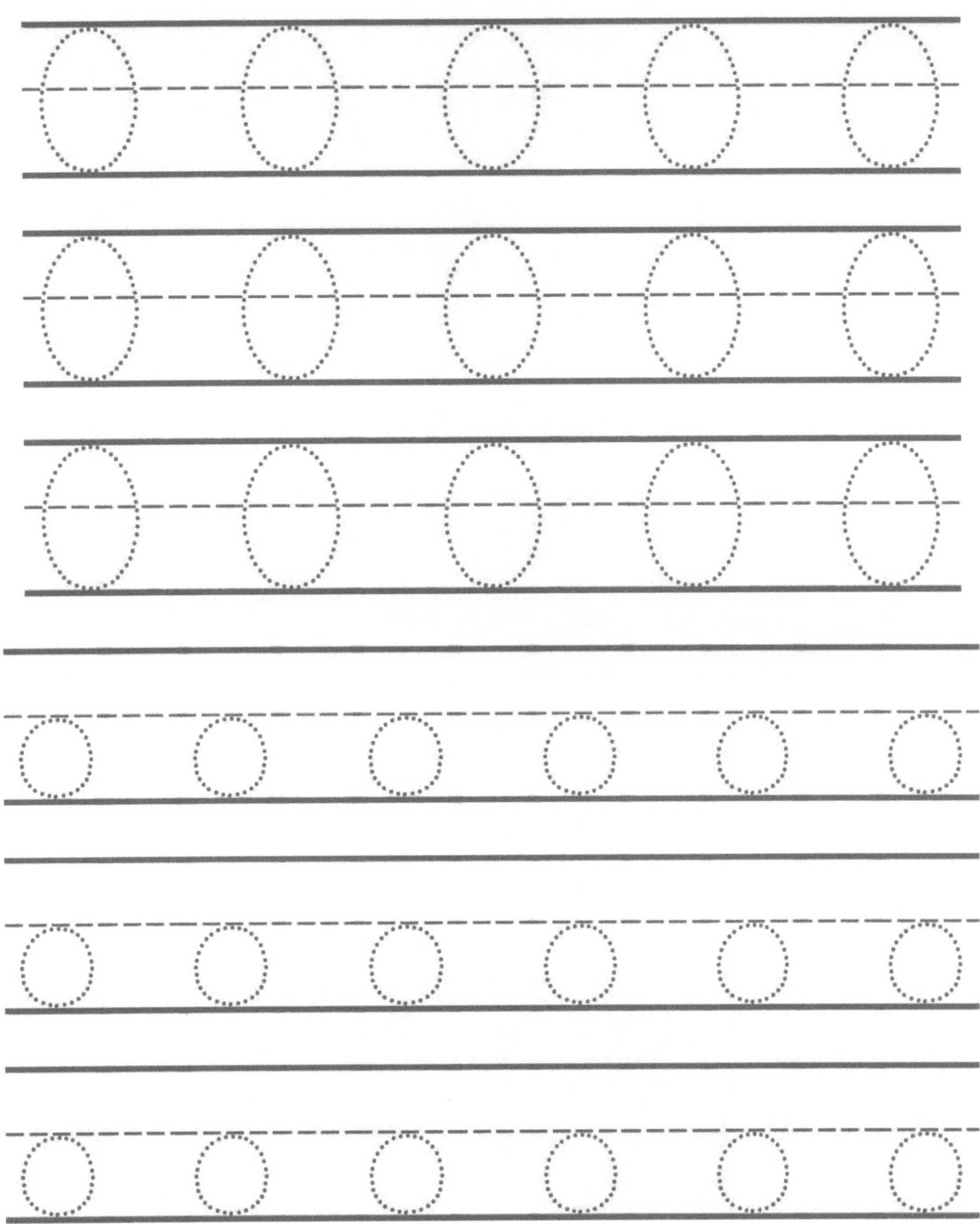

O o

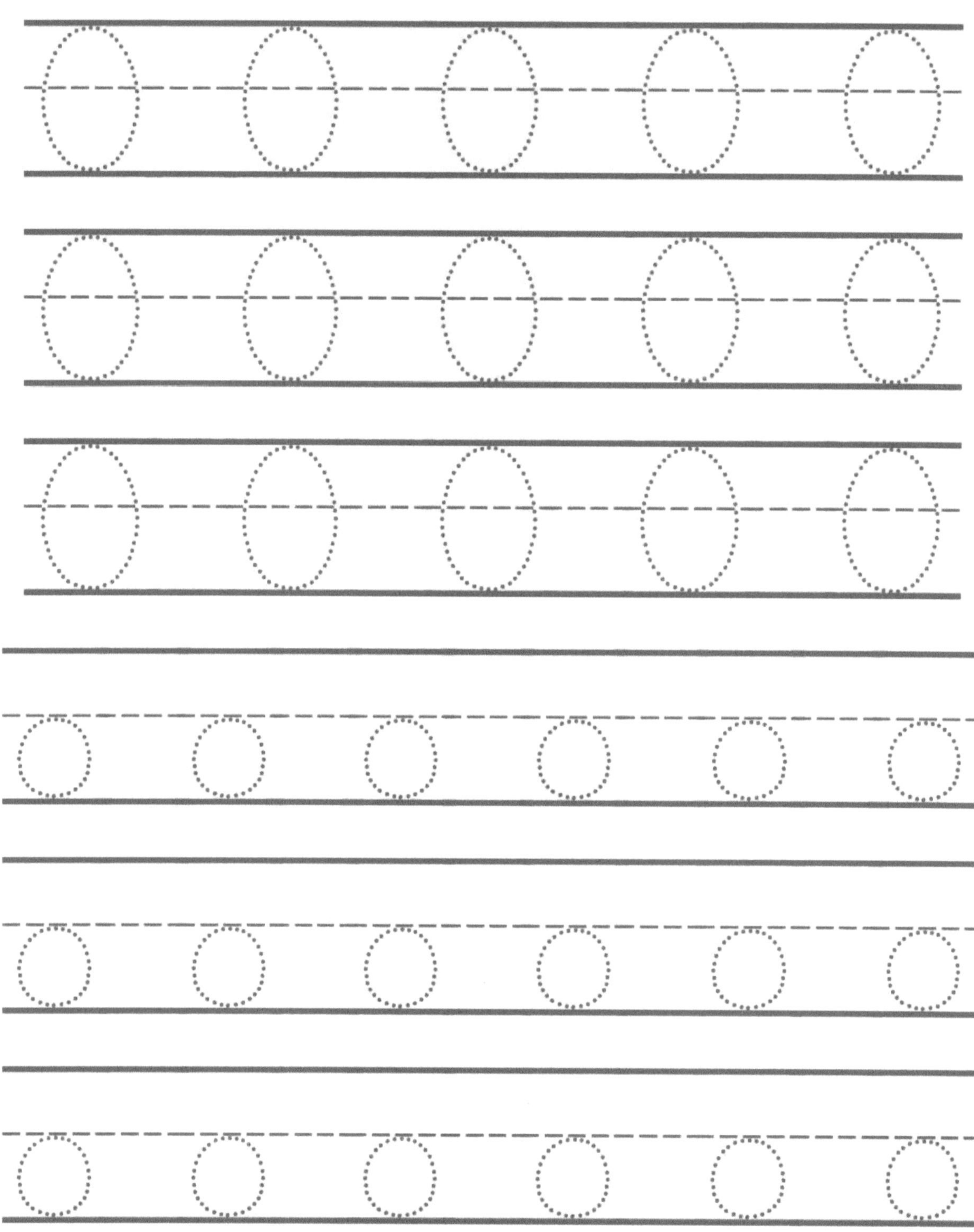

P p

P p

P p

P p

Q q

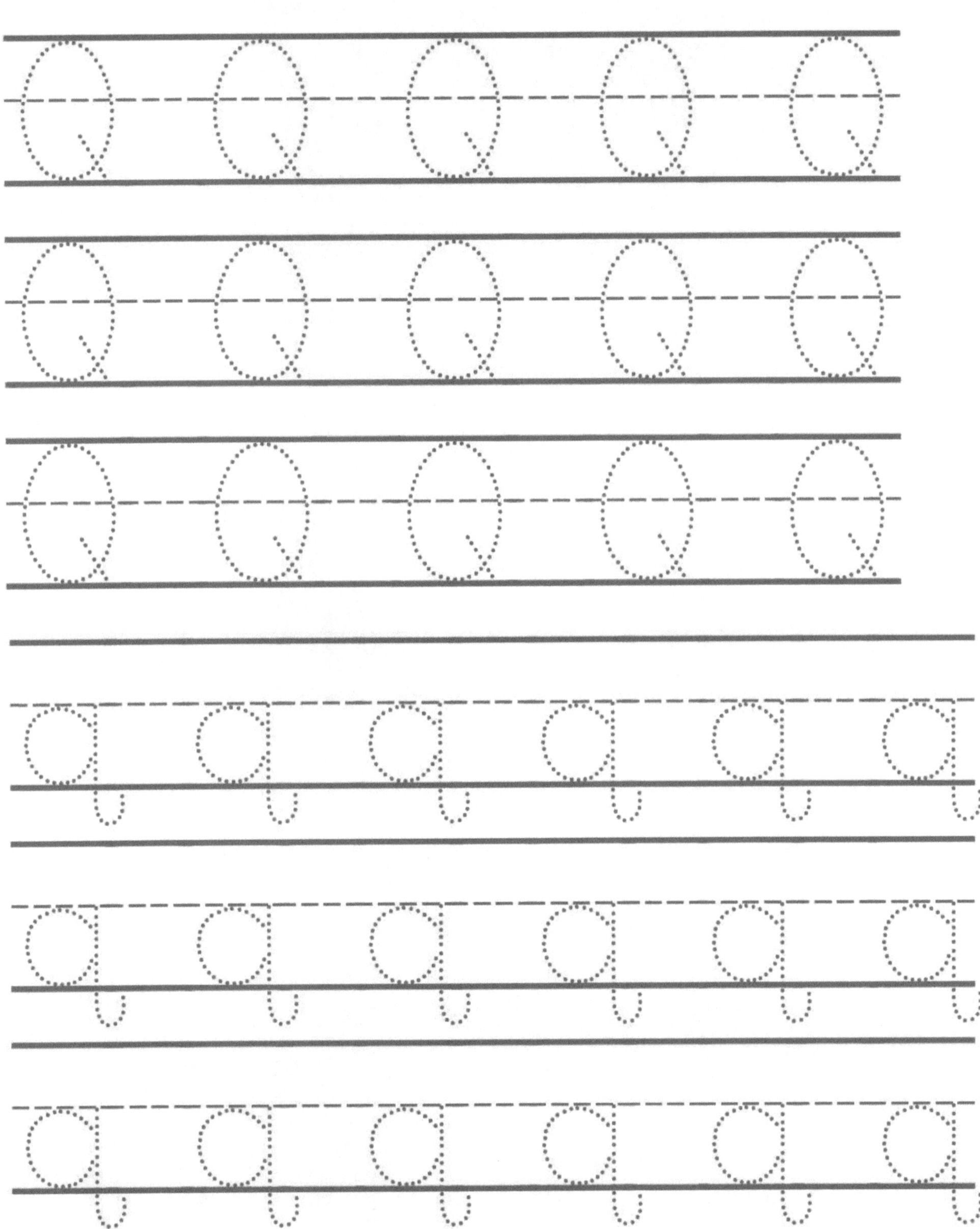

Q q

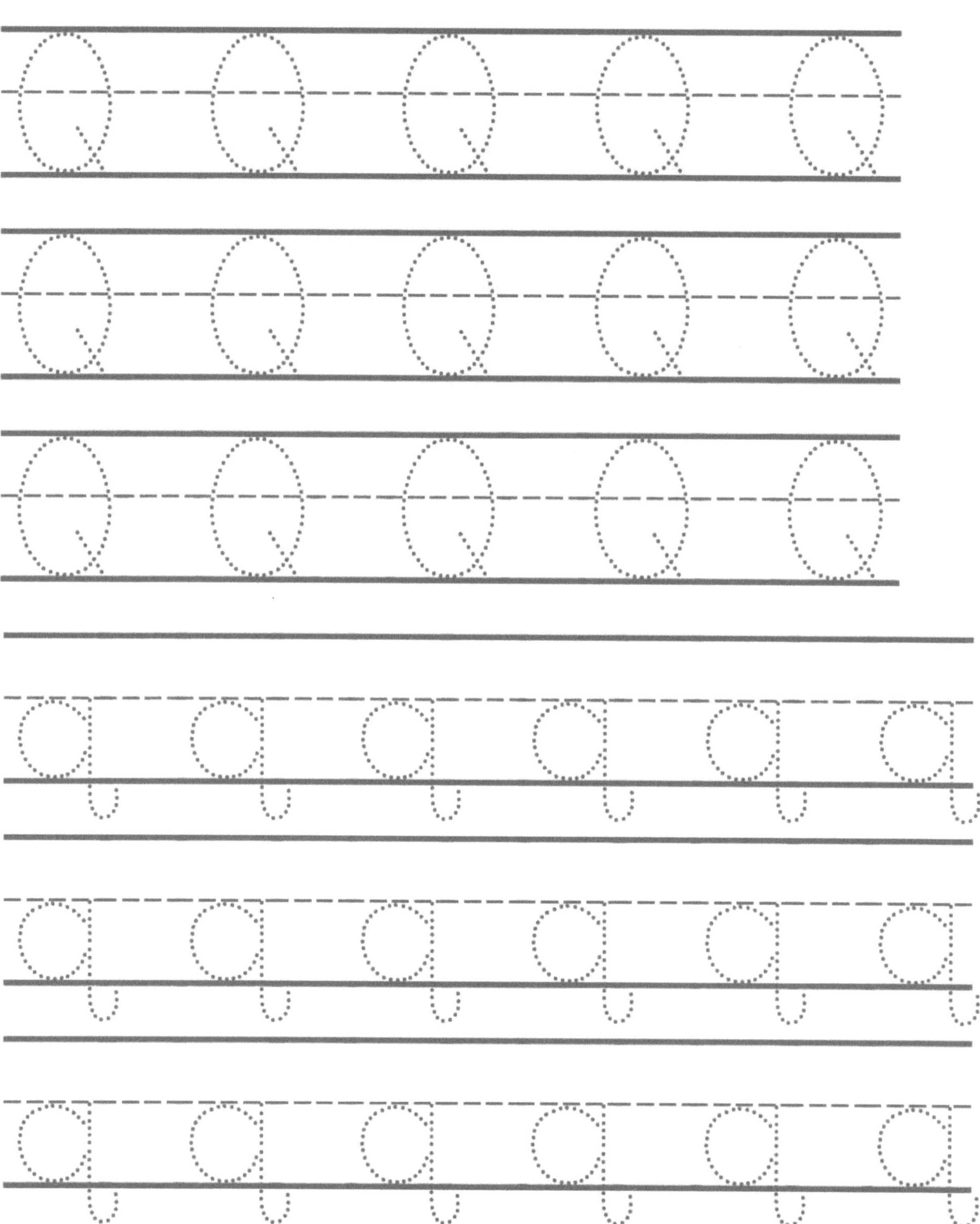

Q q

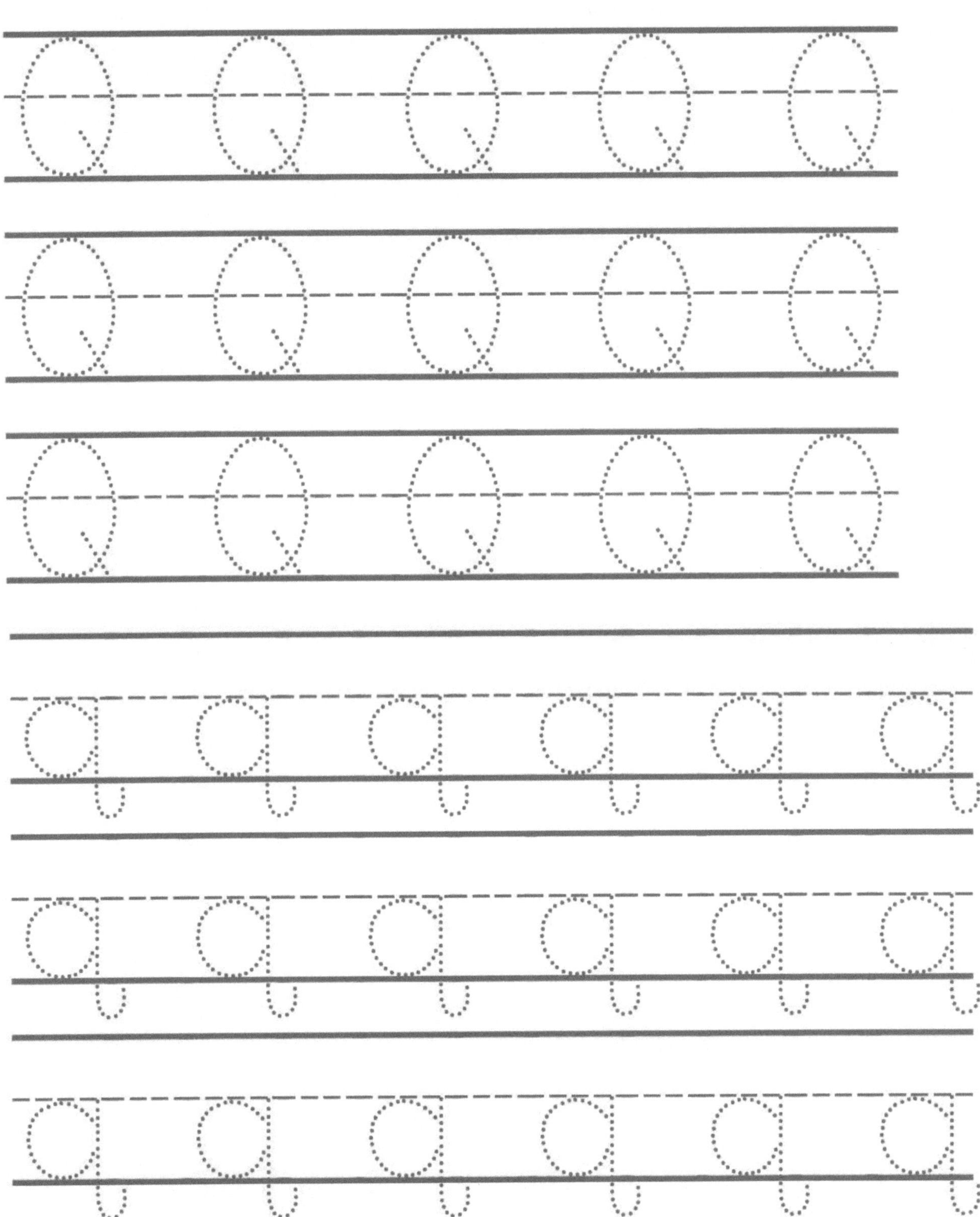

Q q

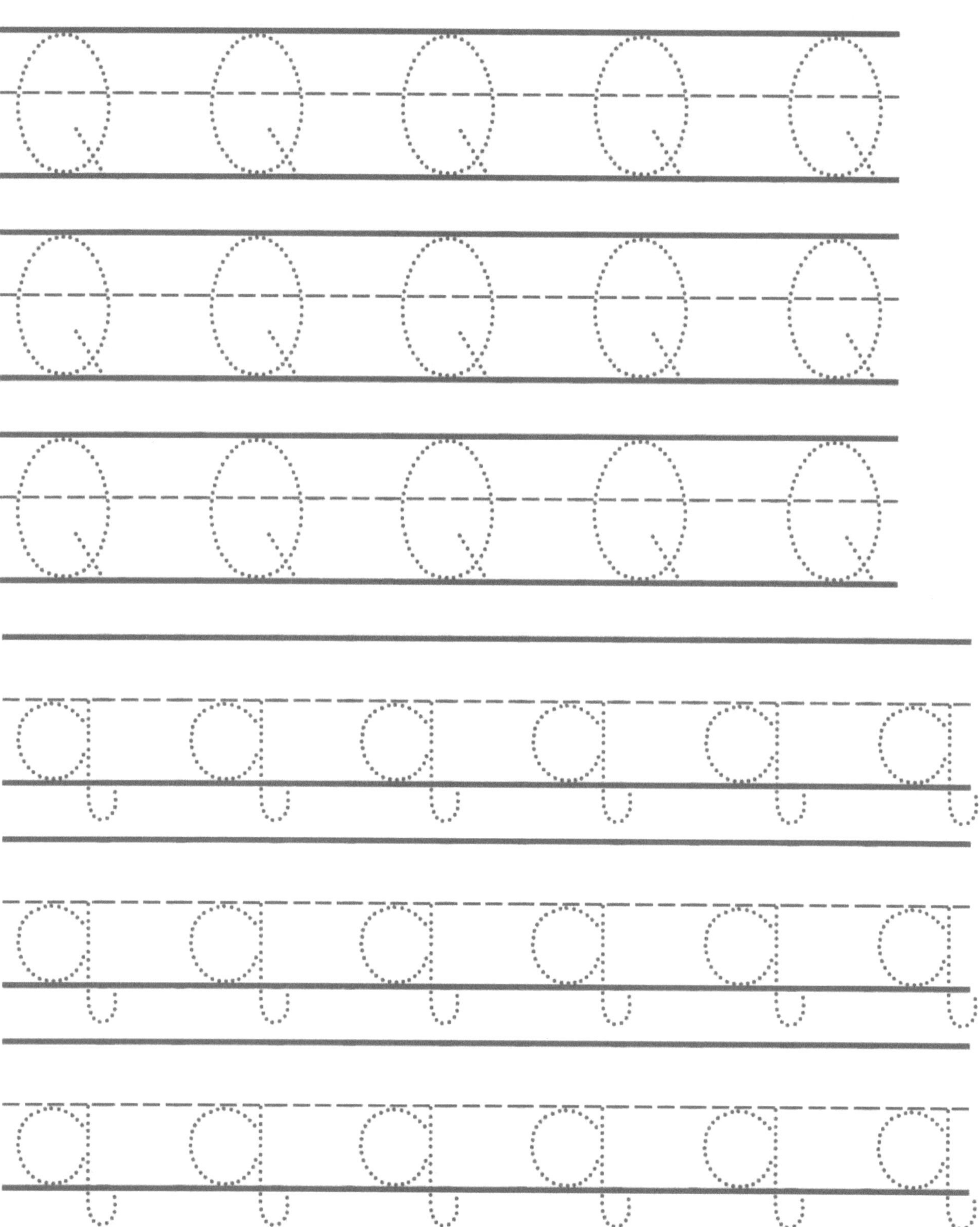

R r

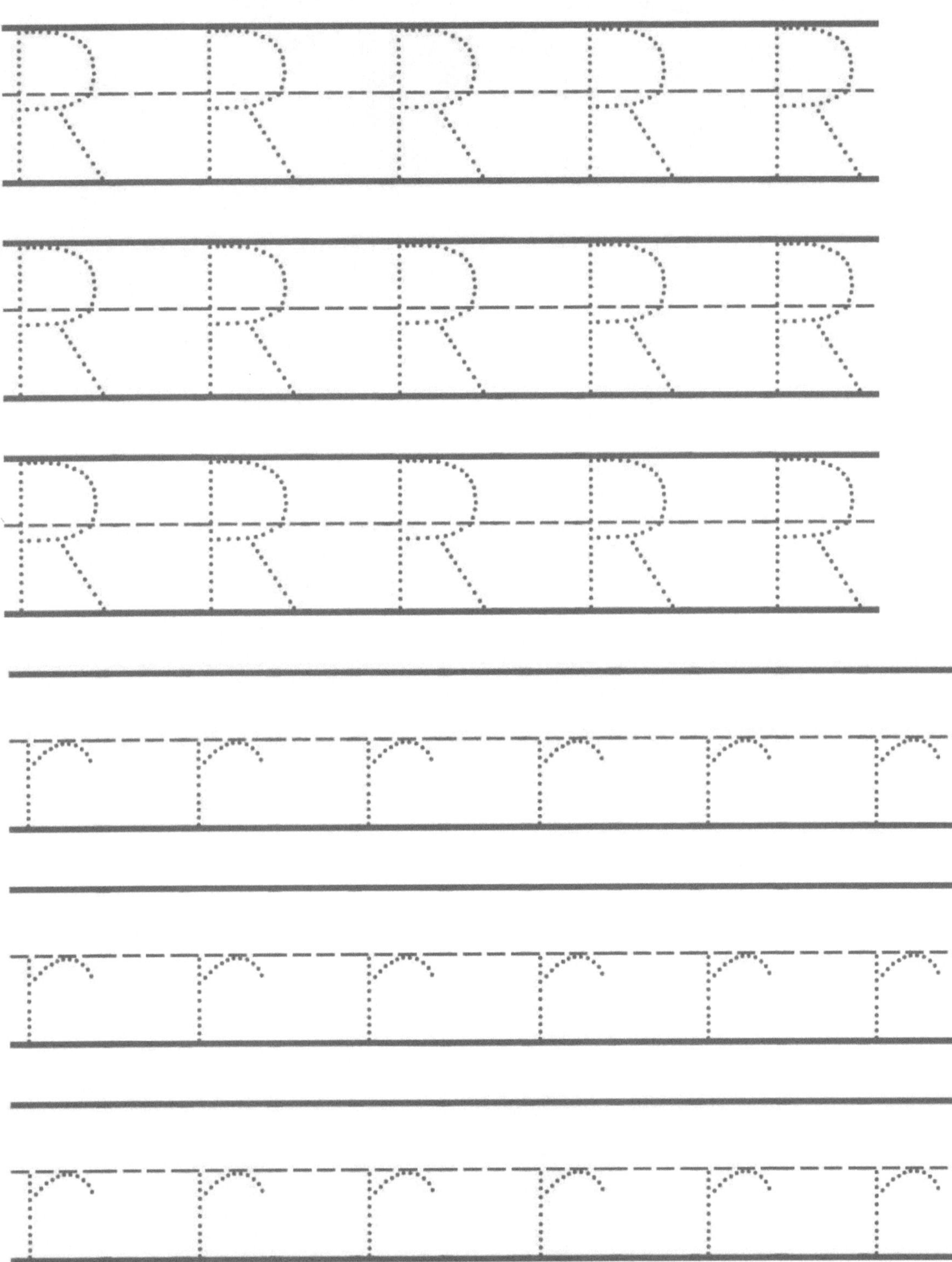

R r

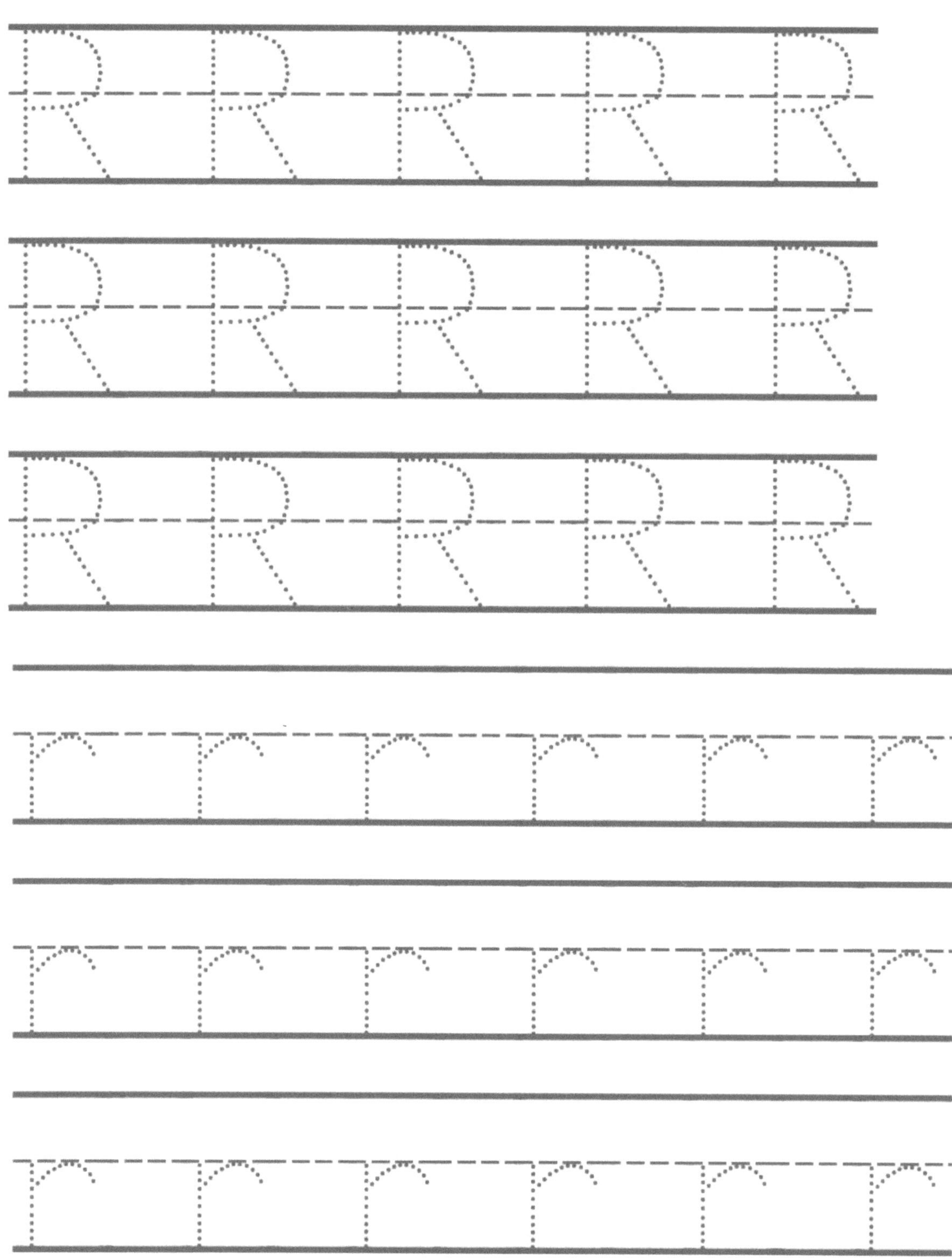

R r

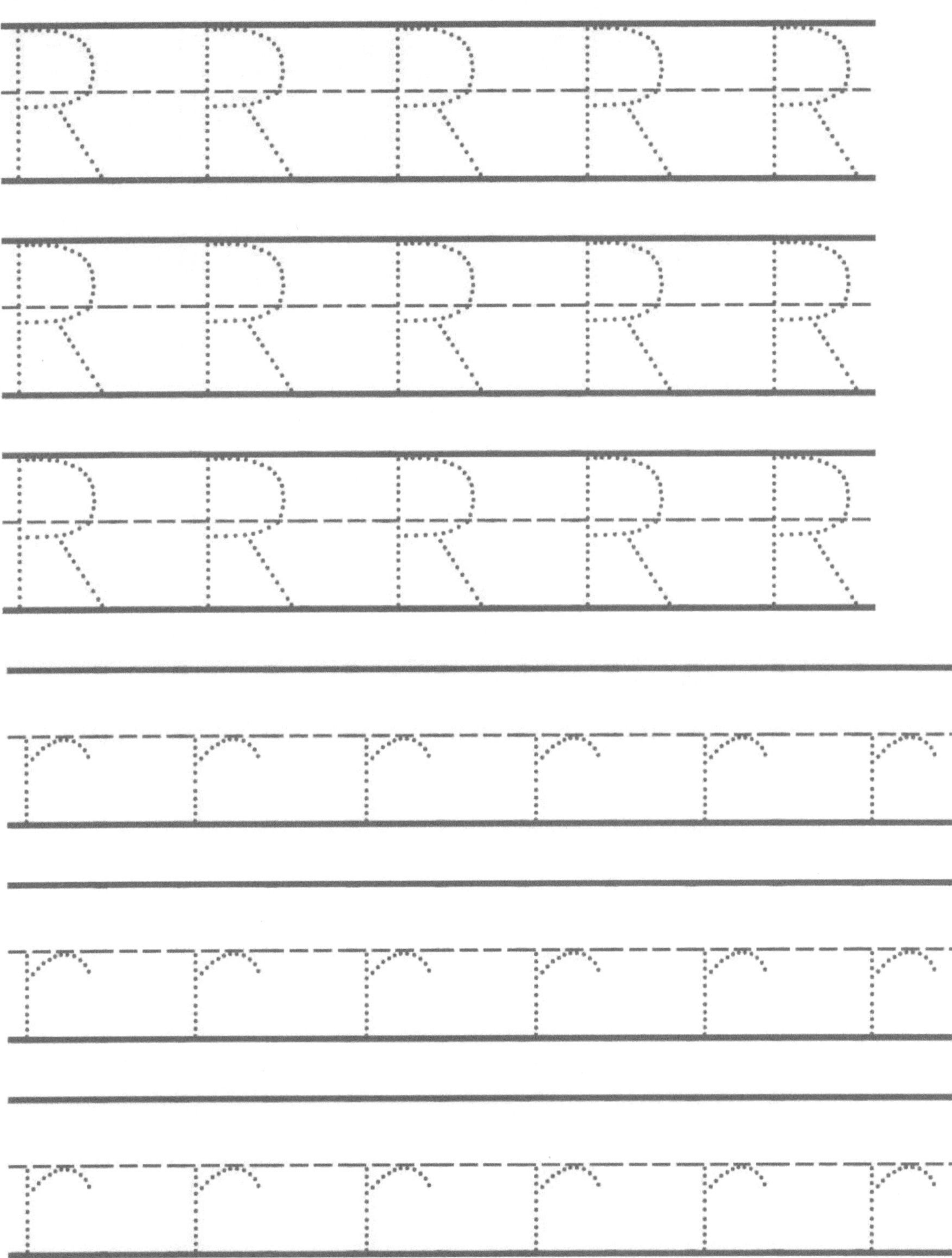

R r

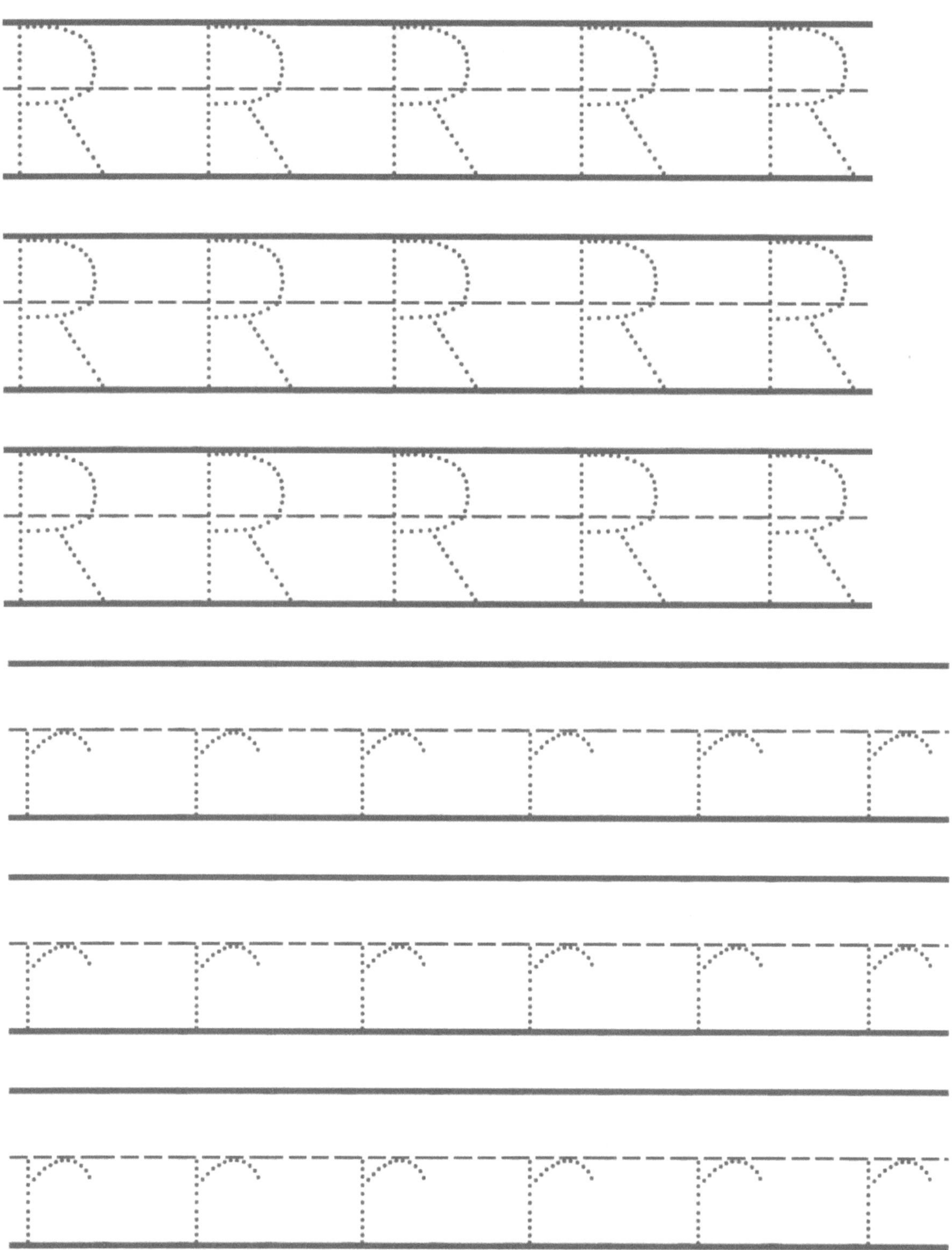

S s

S s

S s

S s

T t

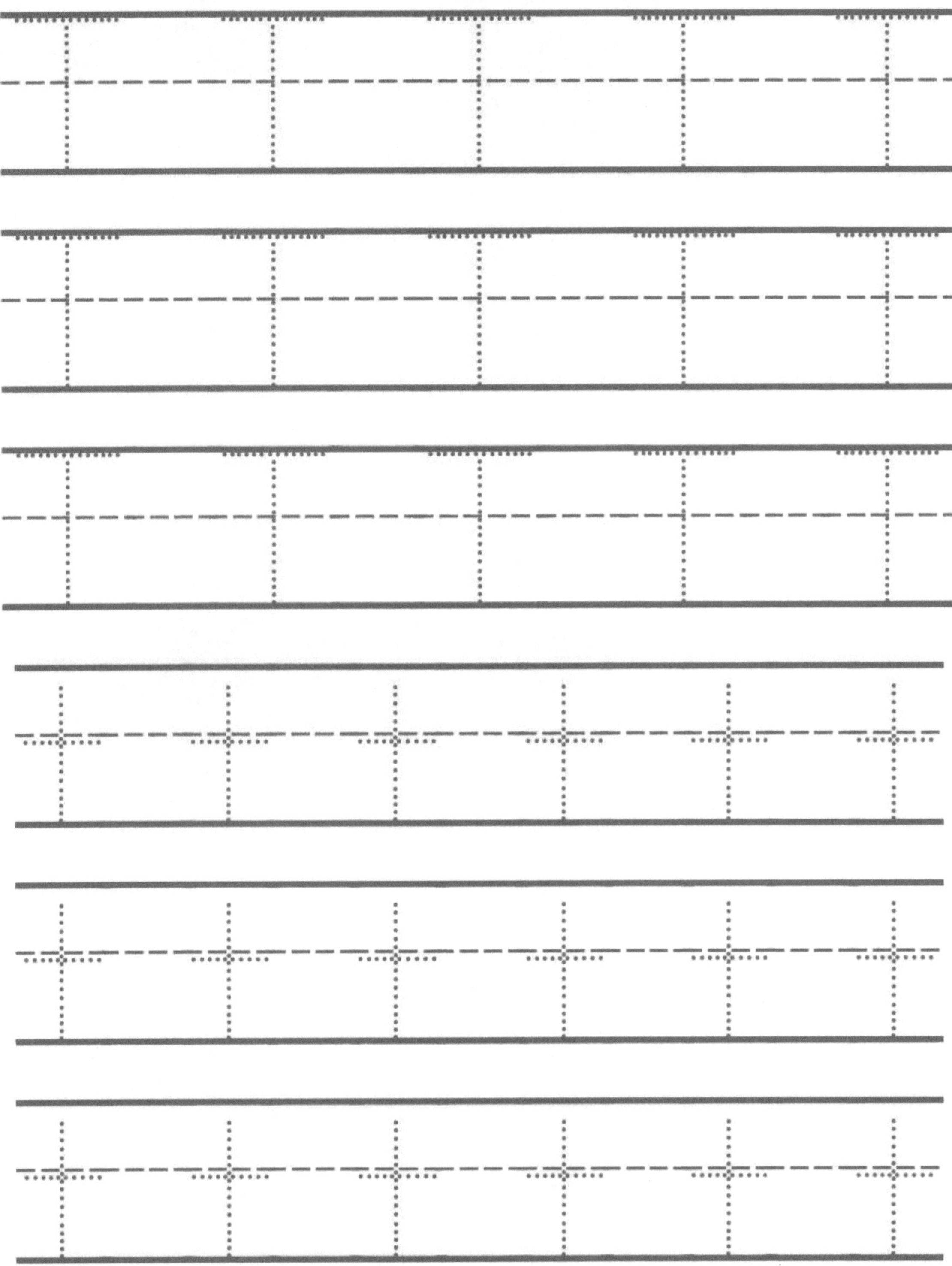

T t

T t

T t

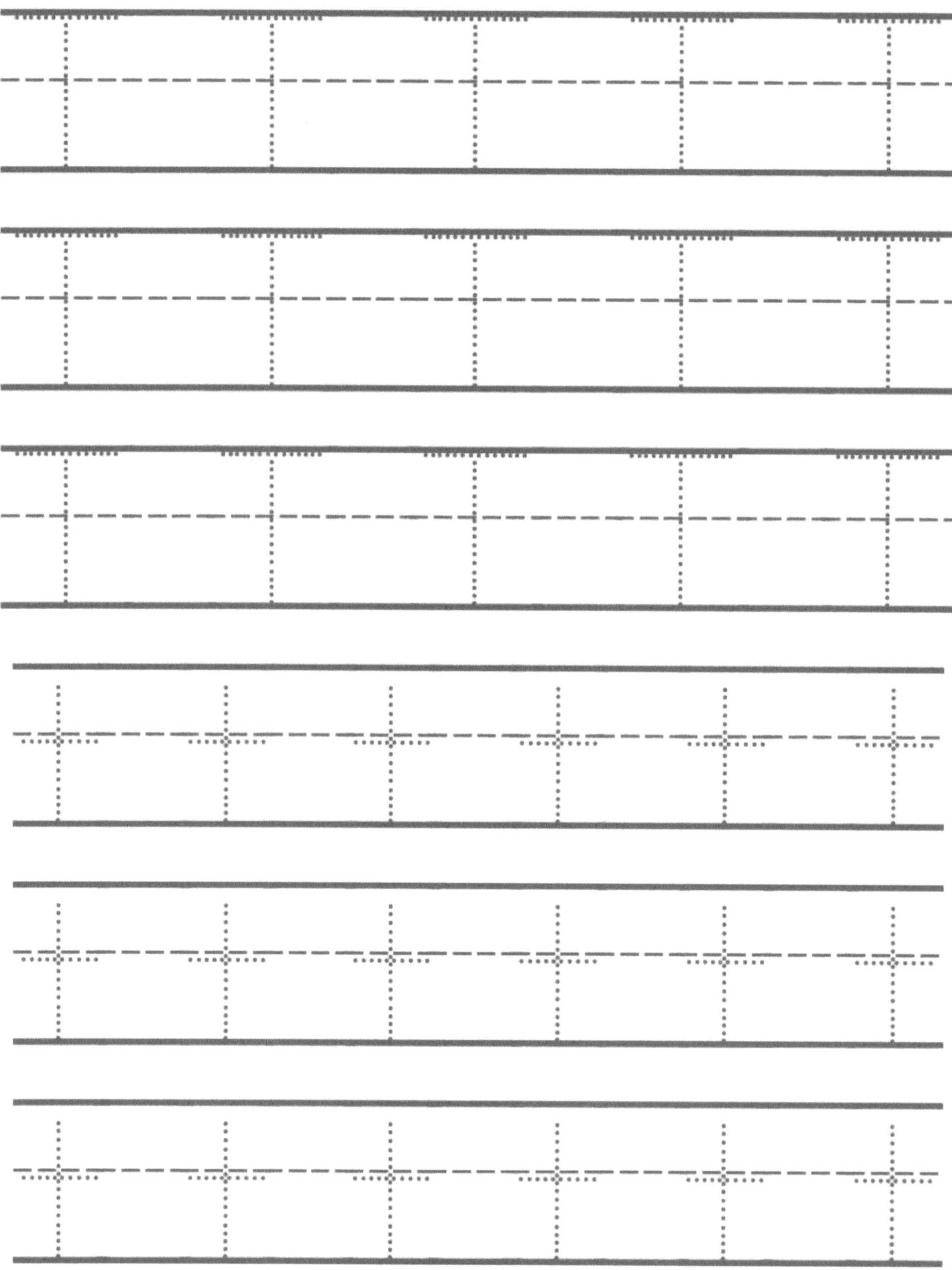

U u

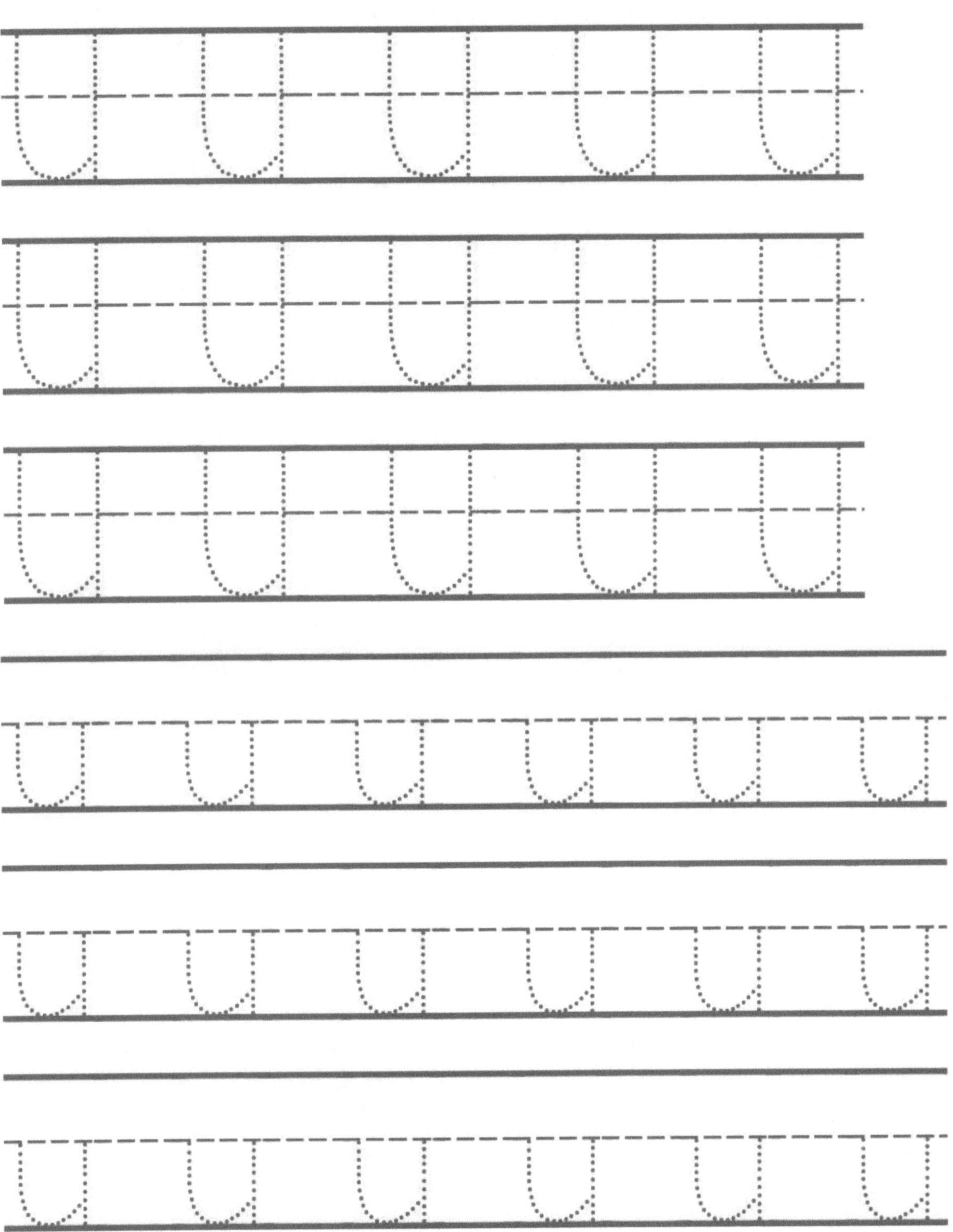

U u

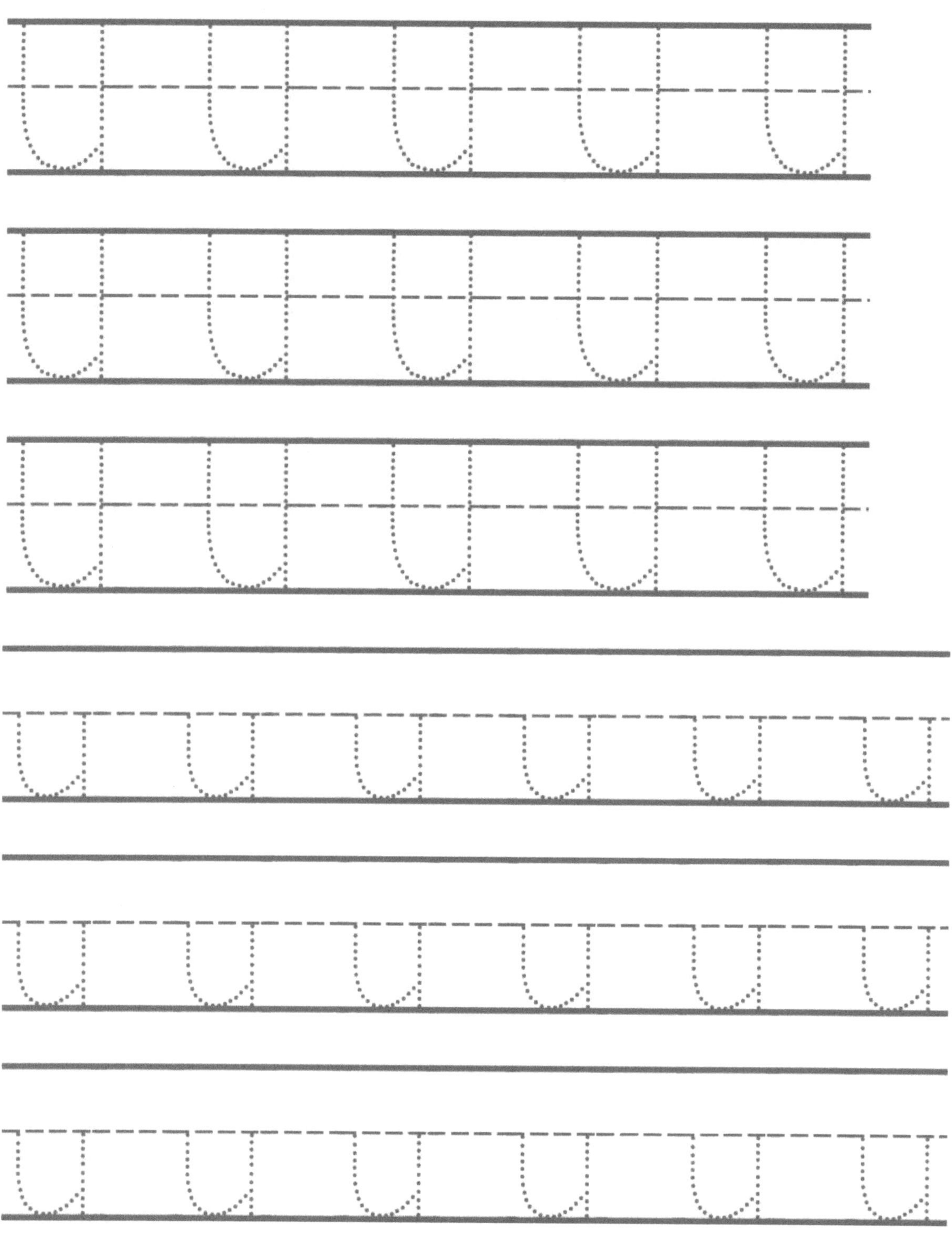

U u

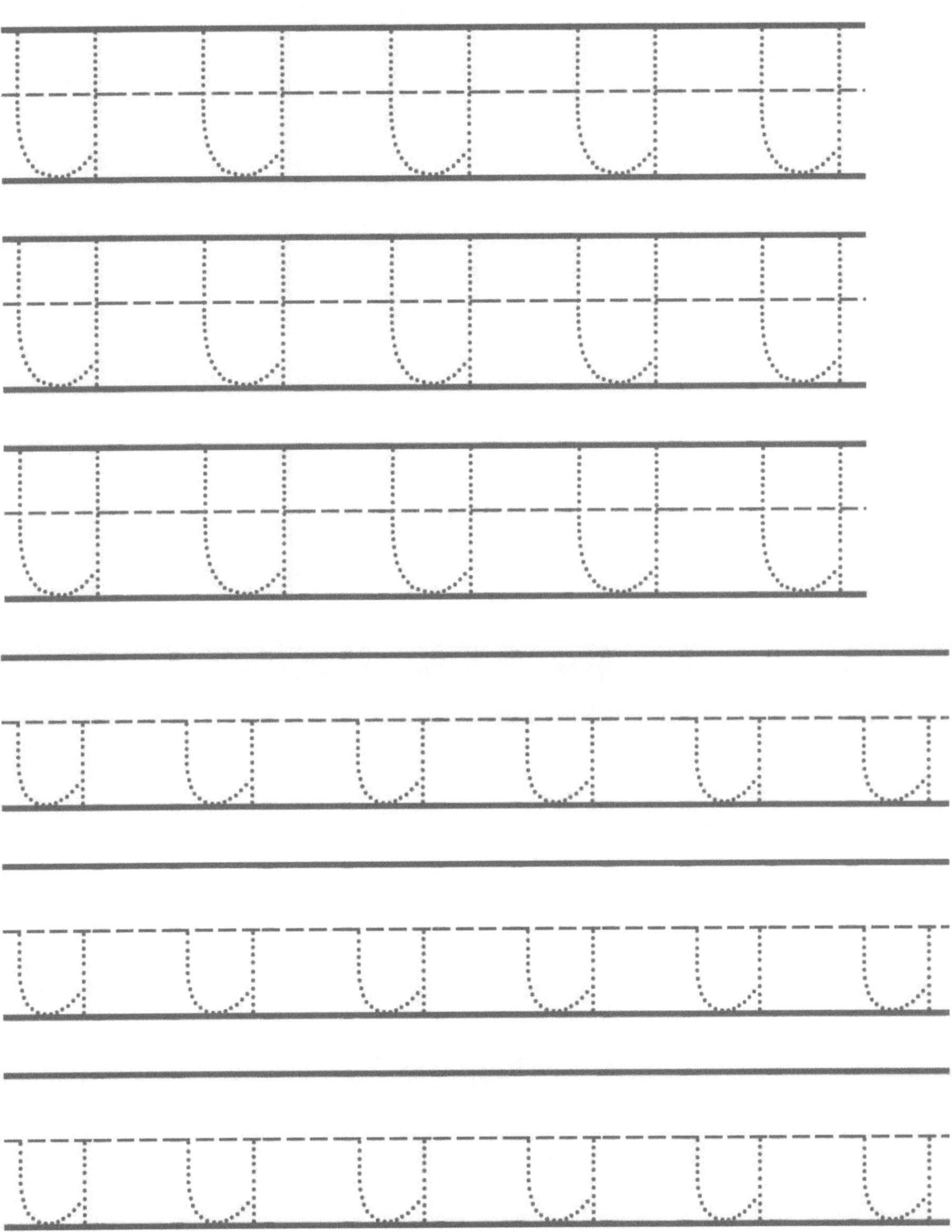

U u

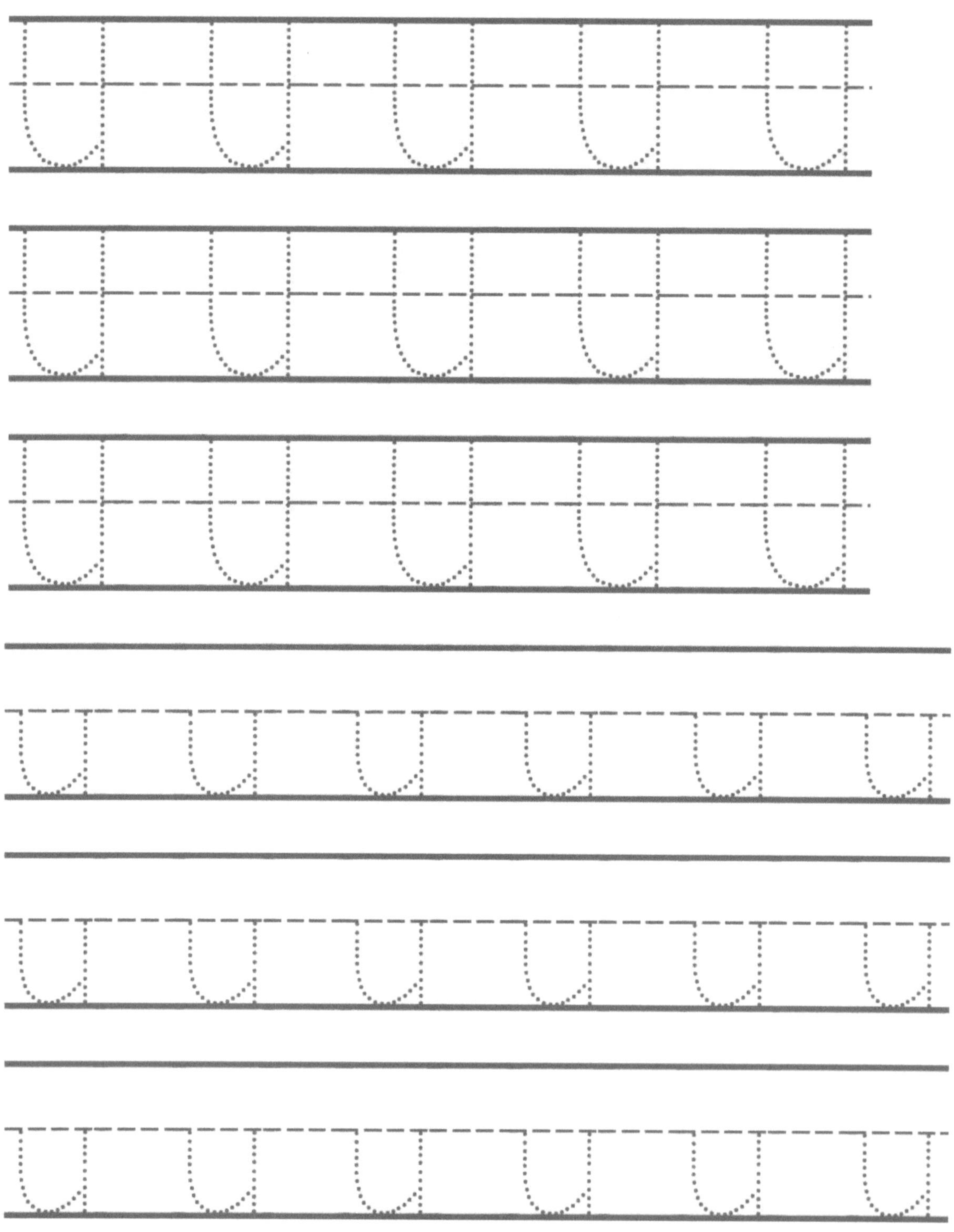

V v

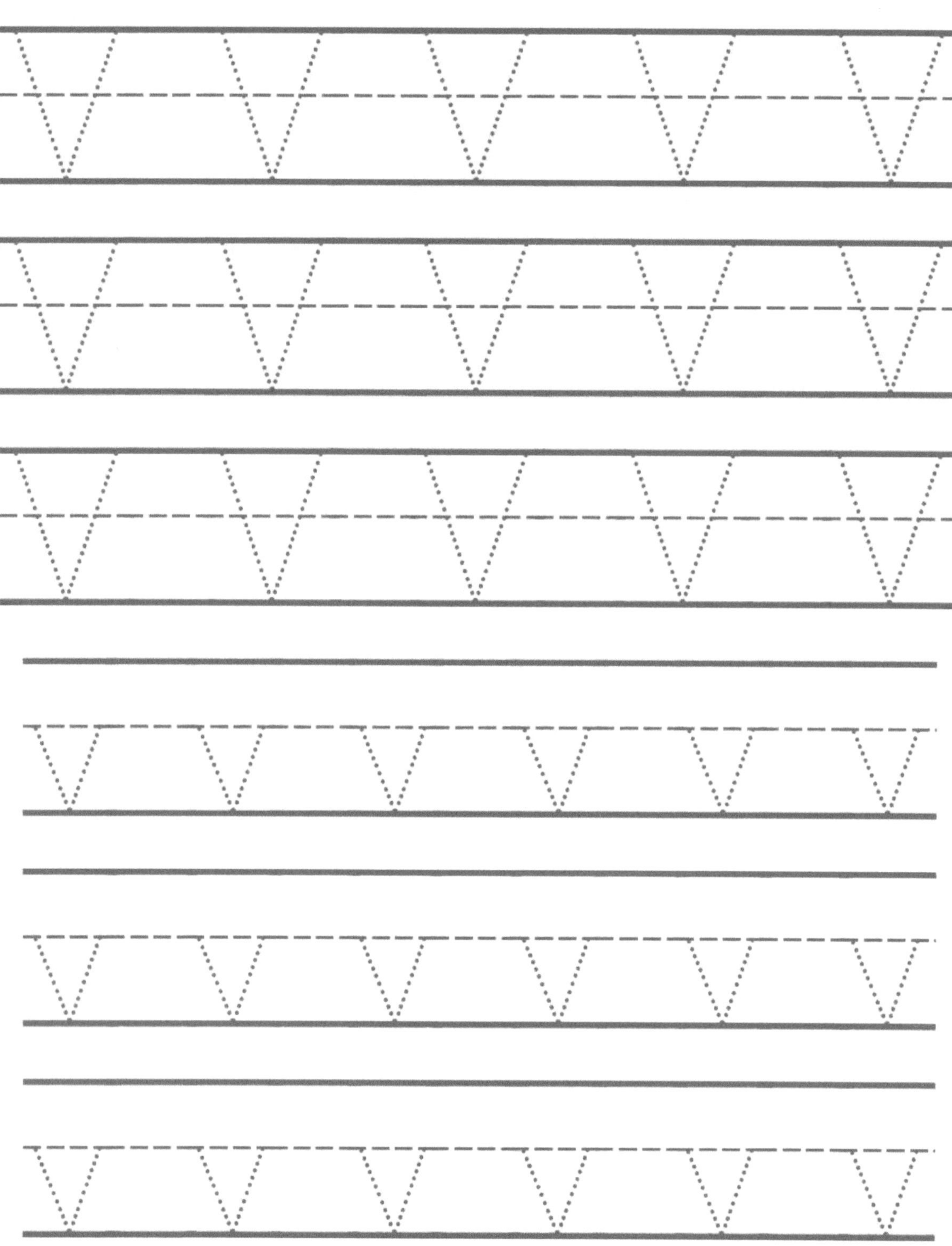

V v

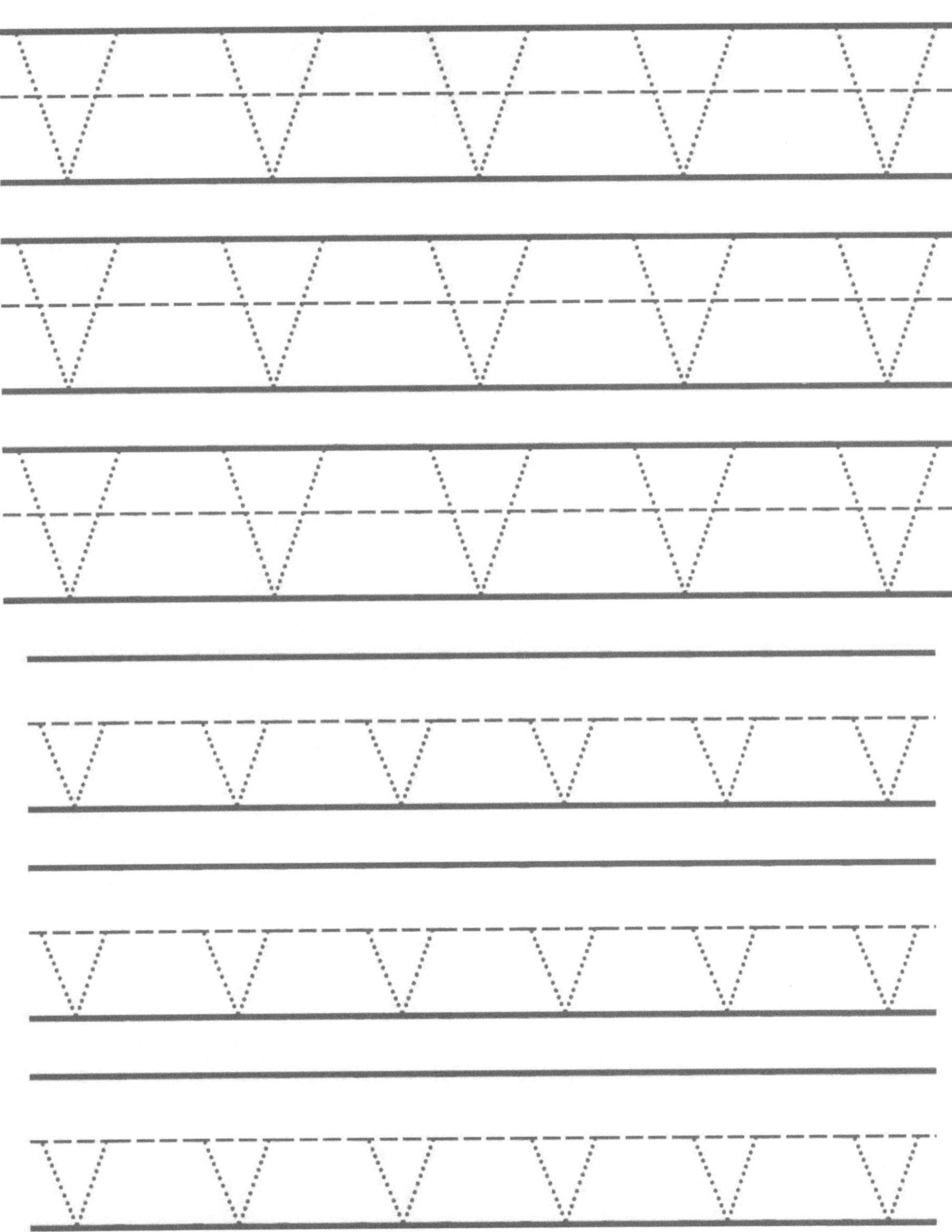

V v

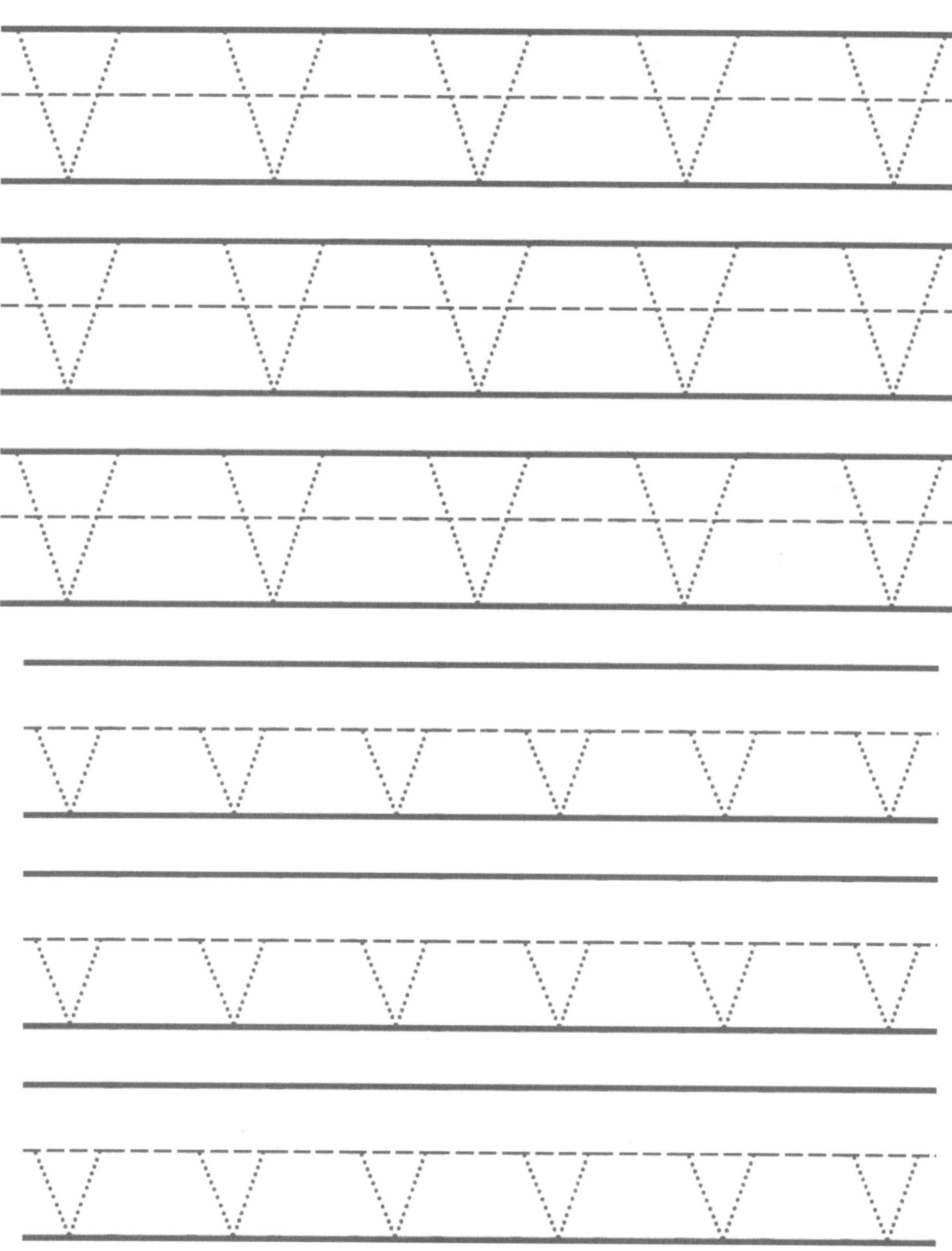

W w

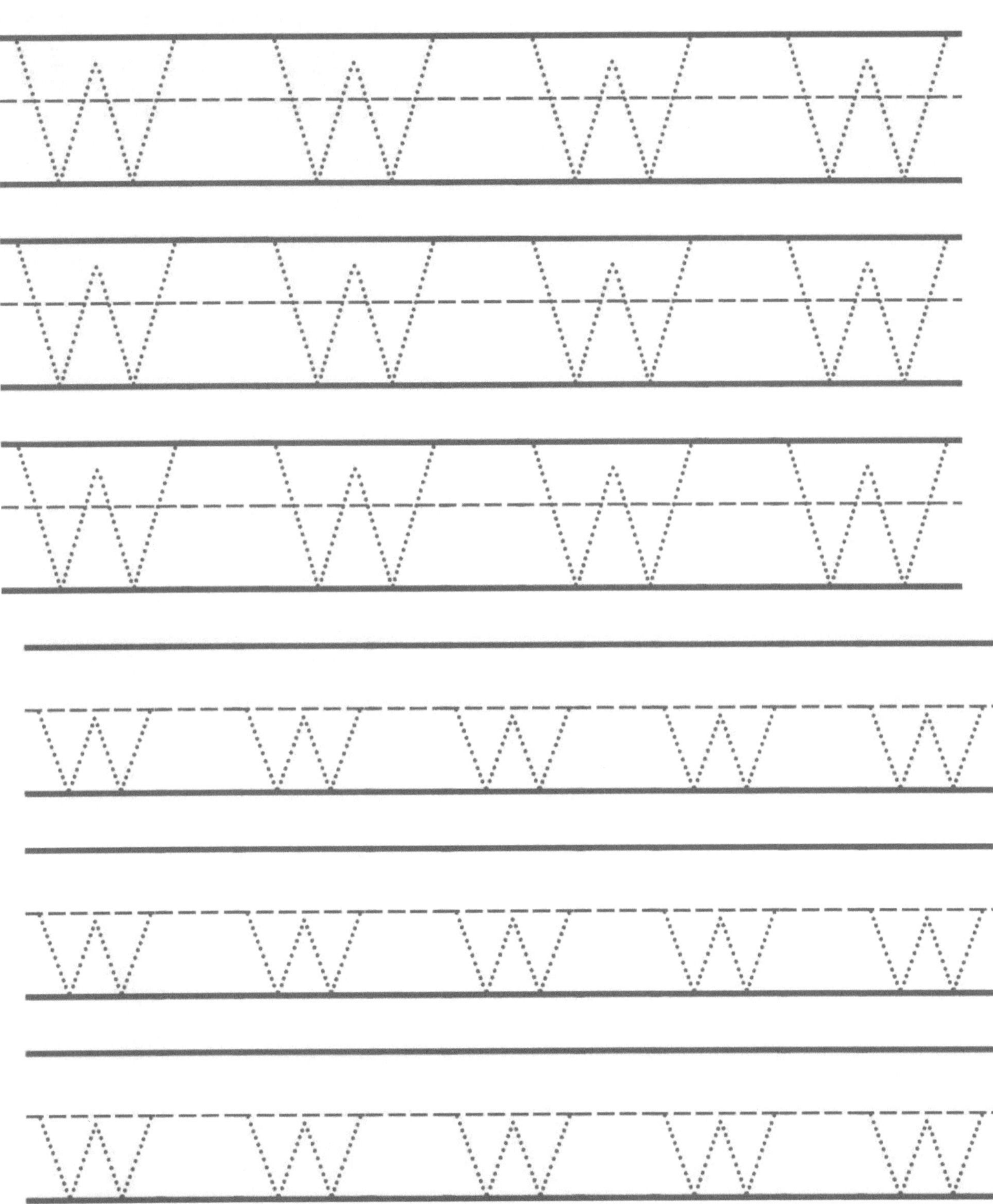

W w

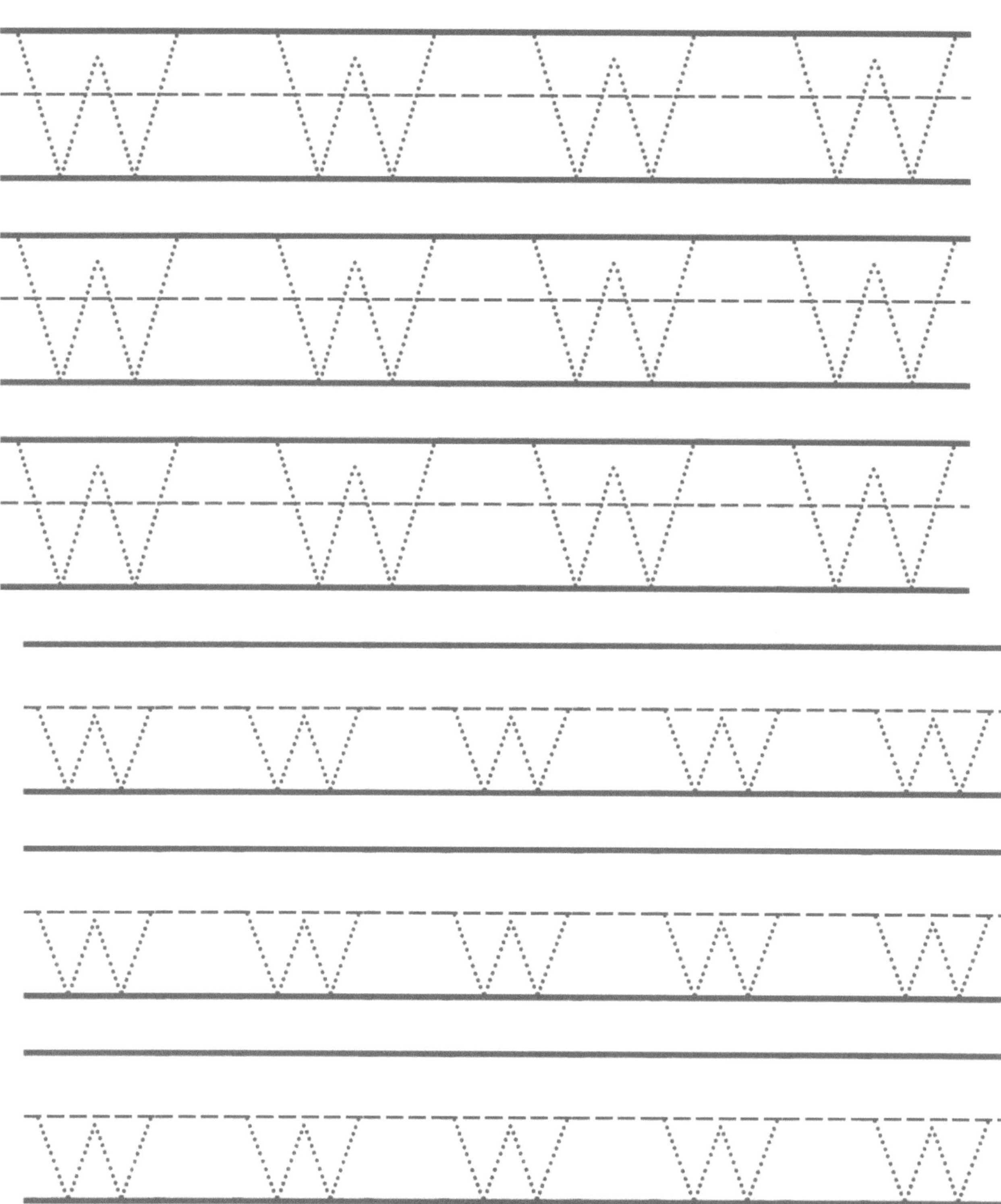

W w

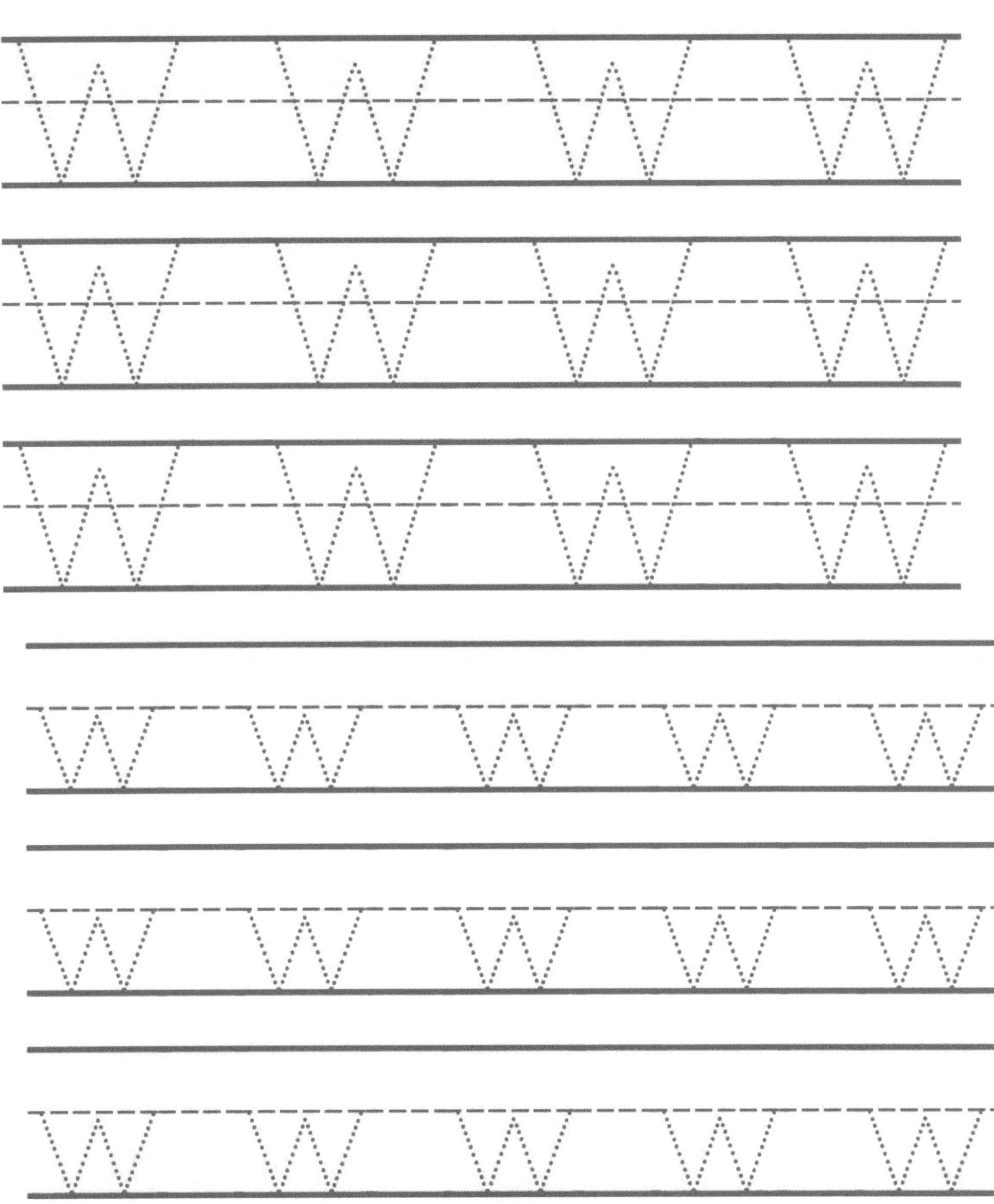

W w

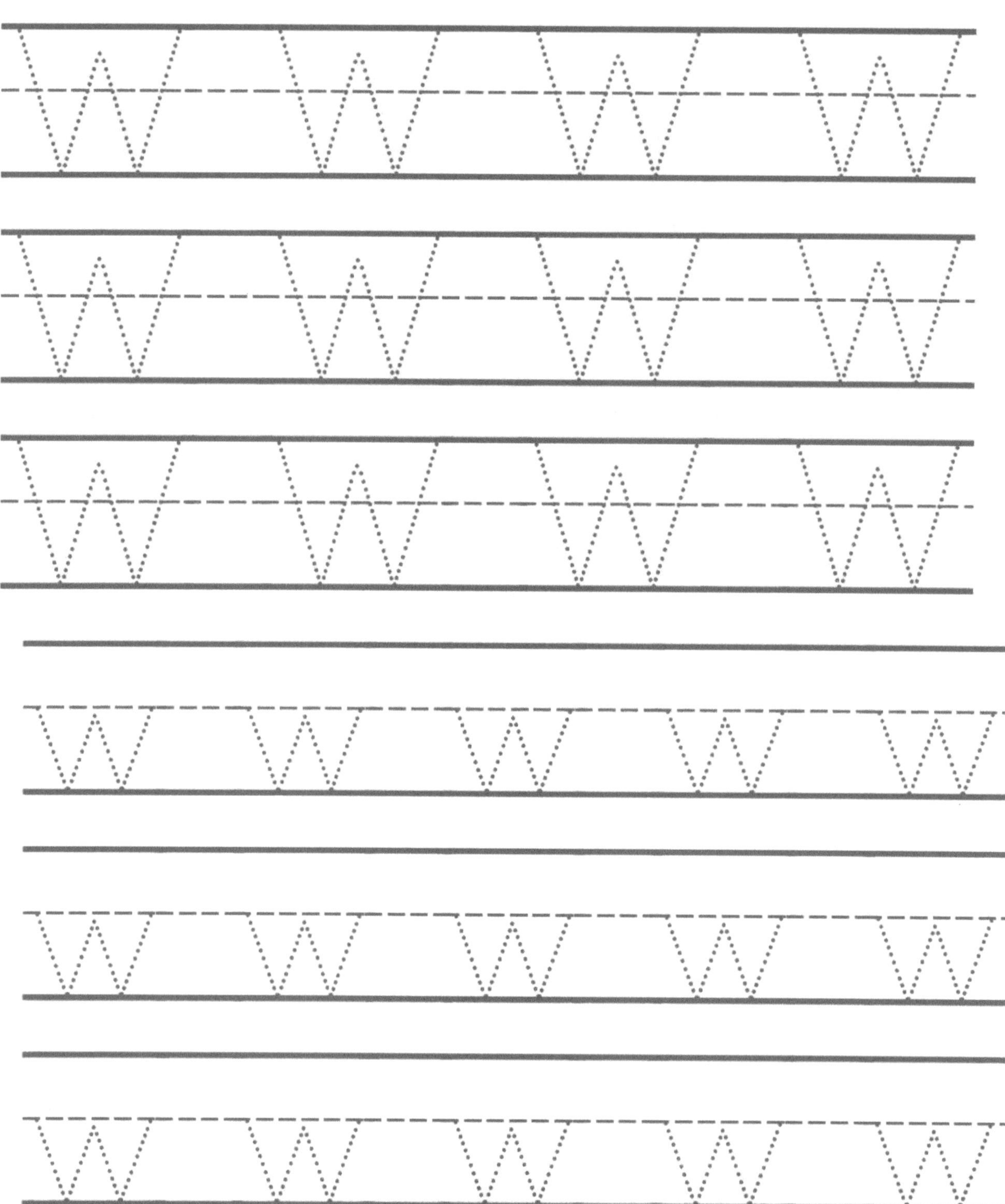

X x

X X X X X

X X X X X

X X X X X

x x x x x x

x x x x x x

x x x x x x

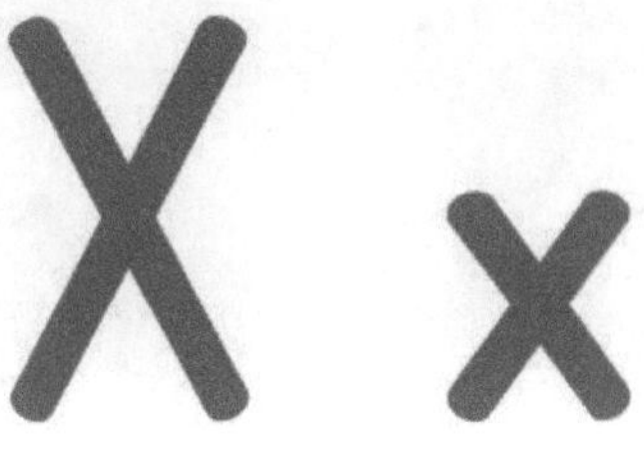

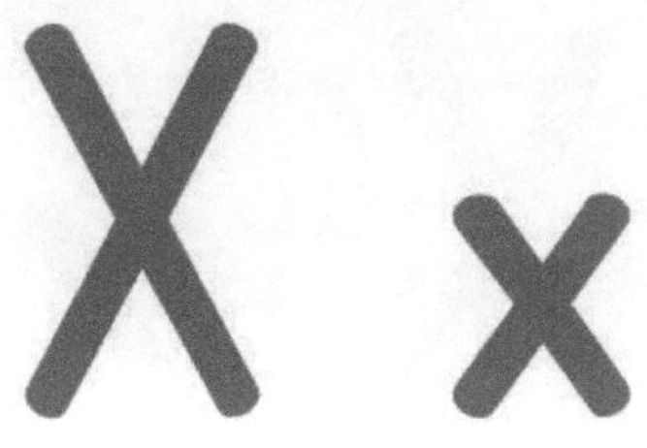 X x

Y y

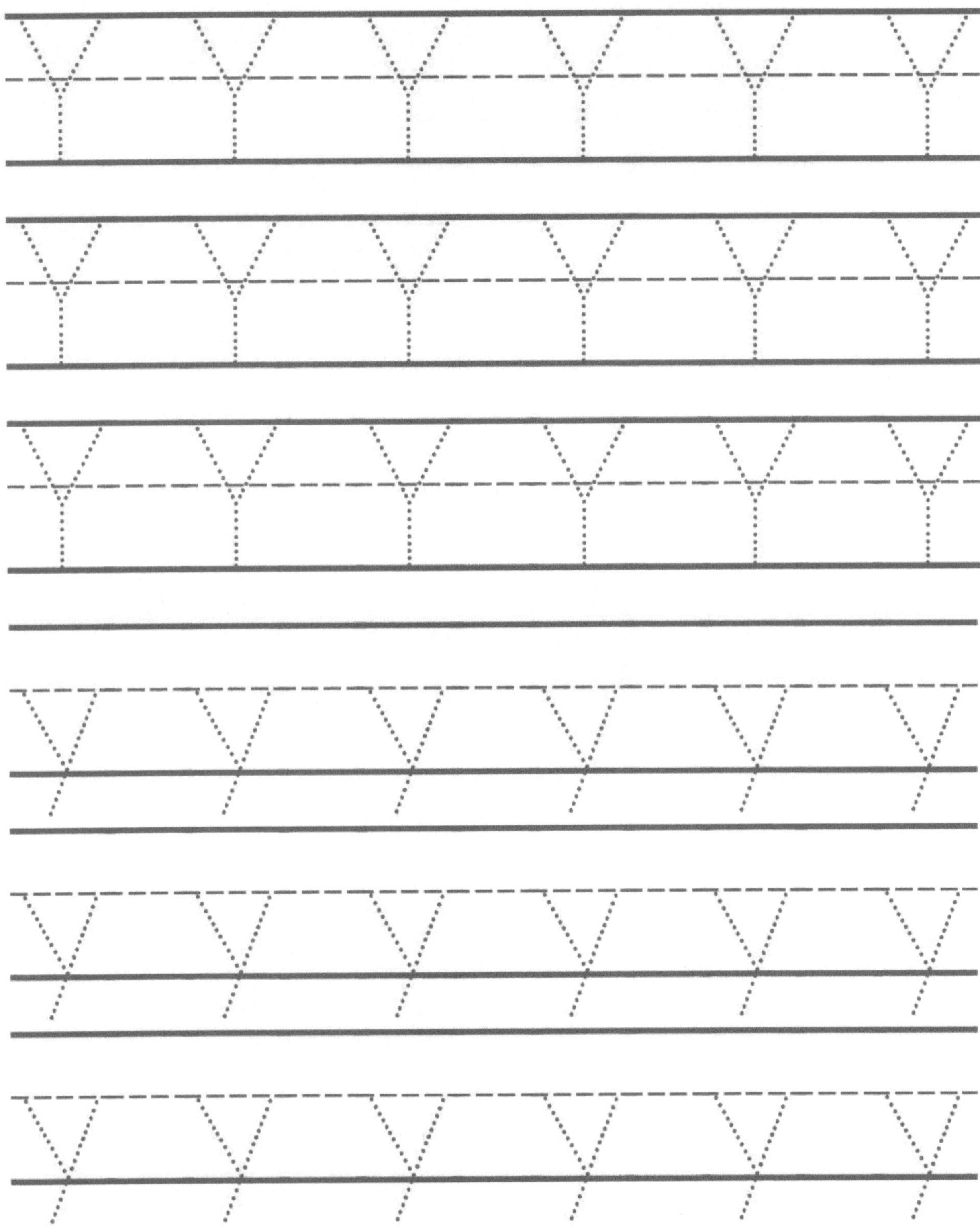

Y y

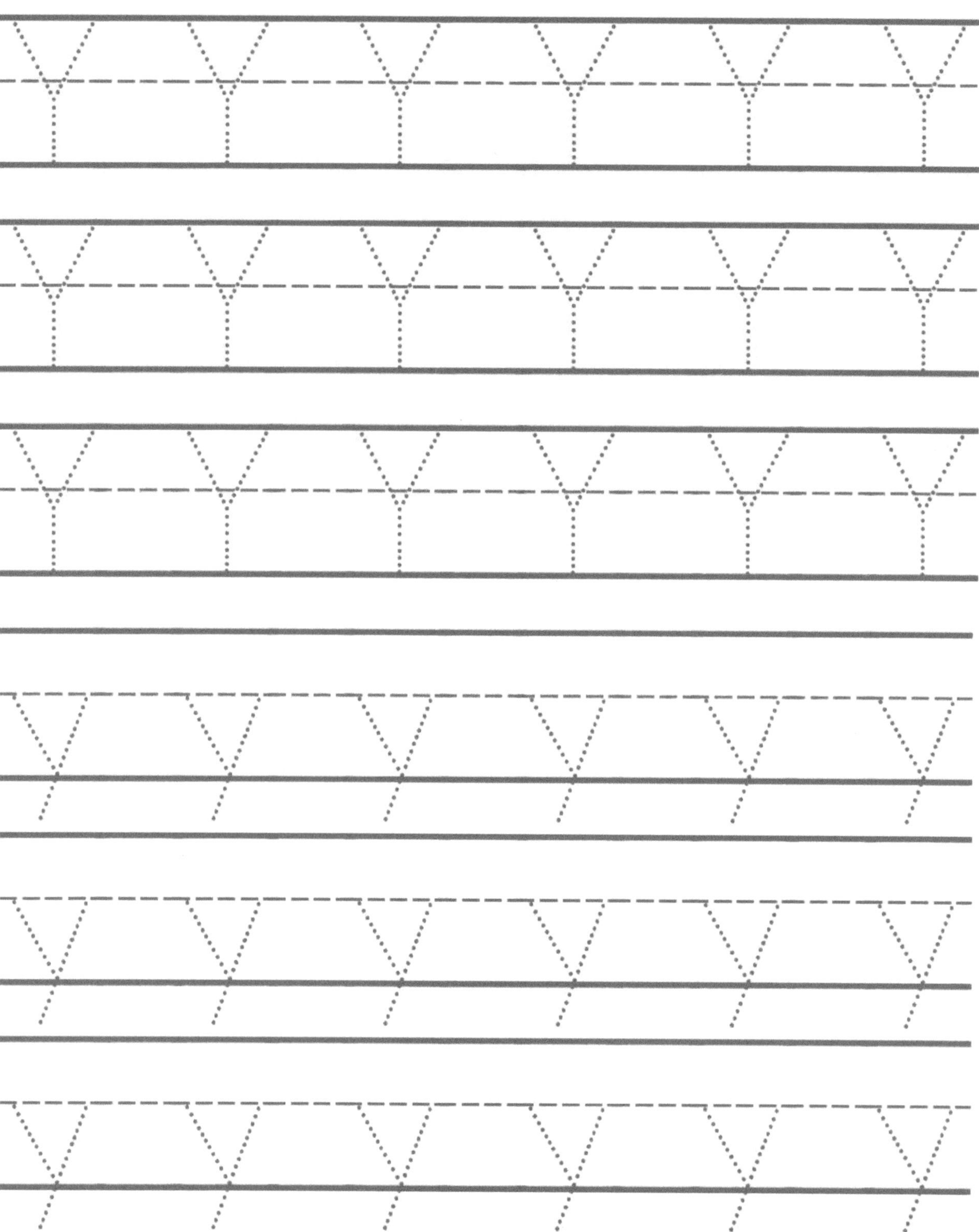

Y y

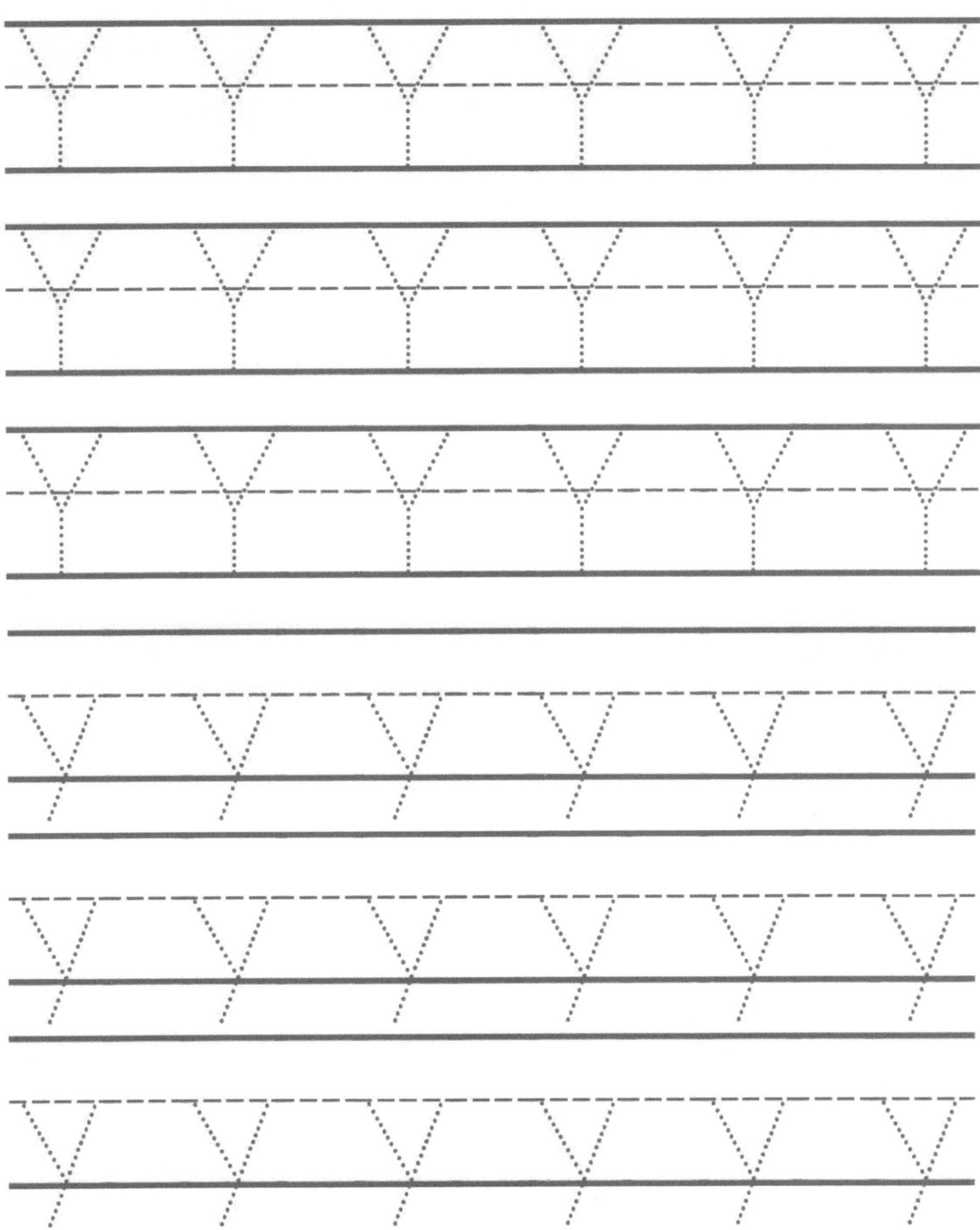

Y y

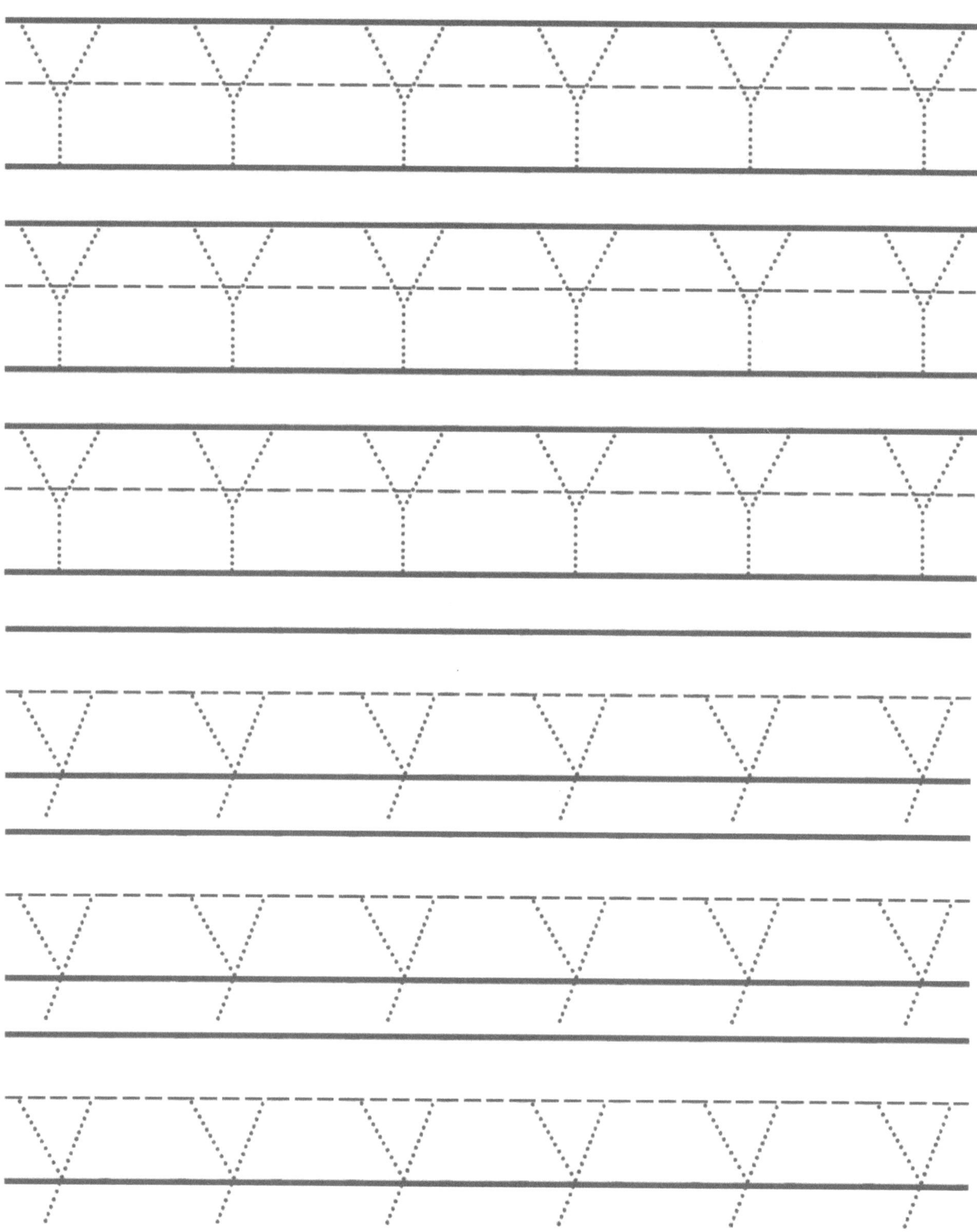

Z z

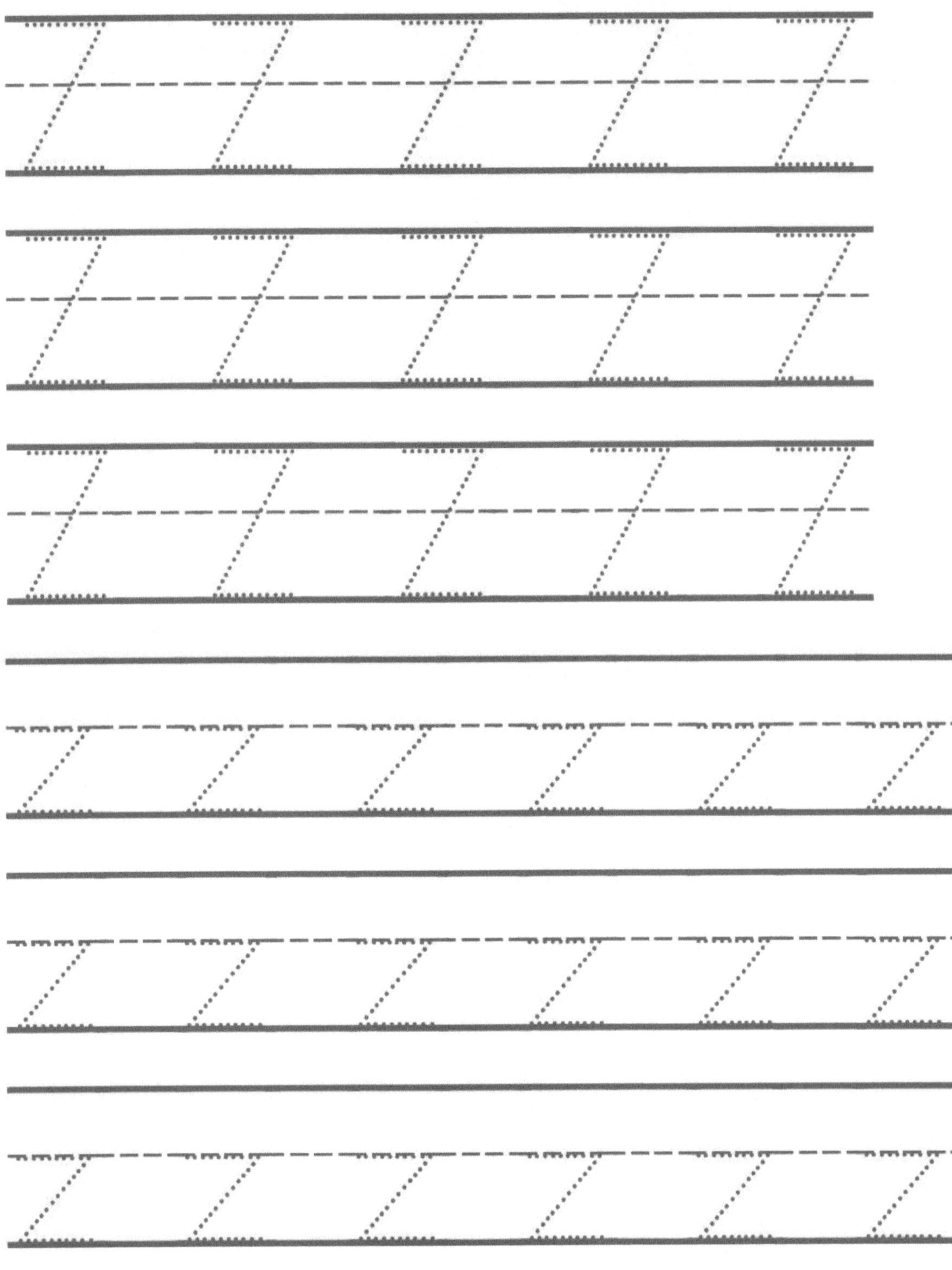

Z z

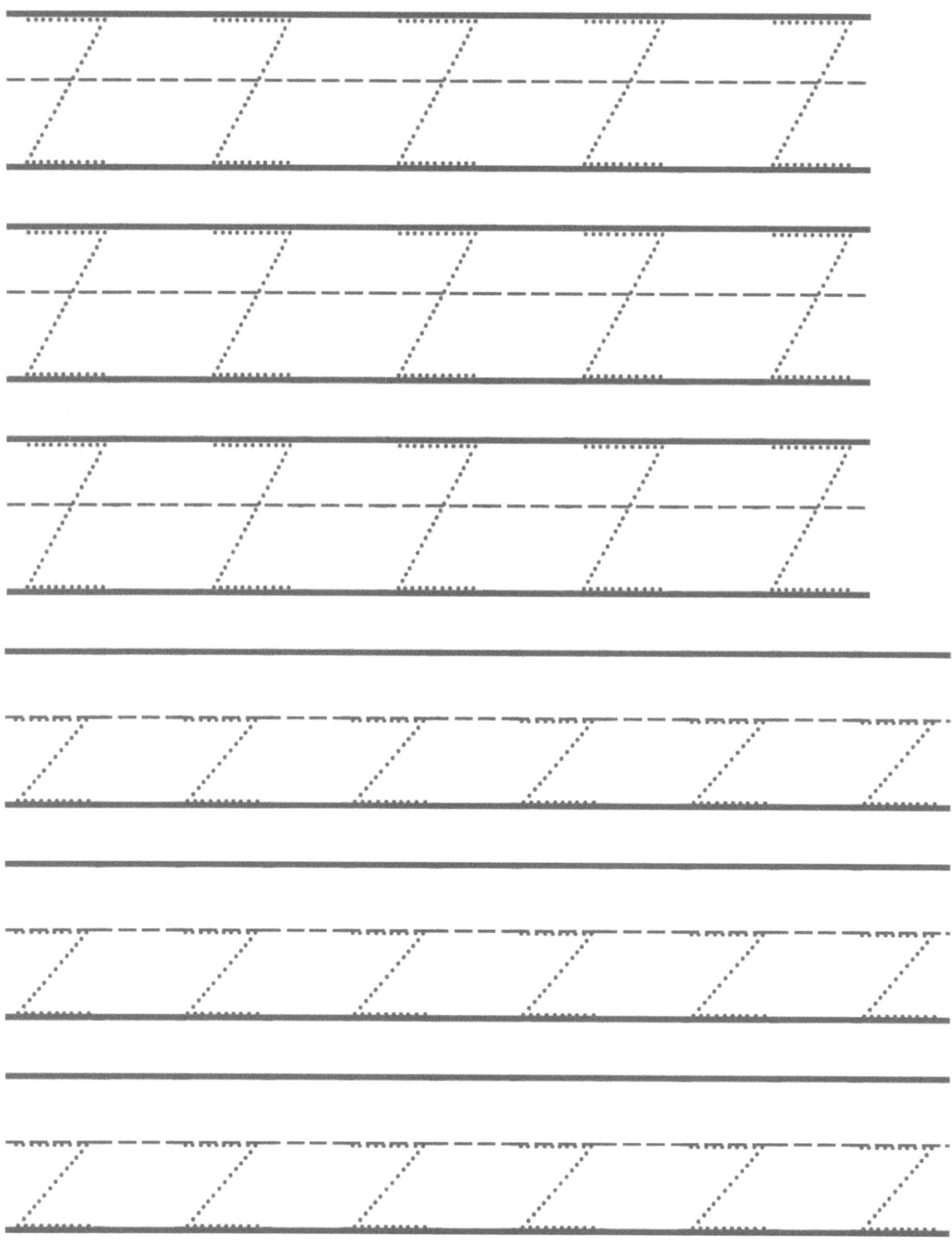

Z z

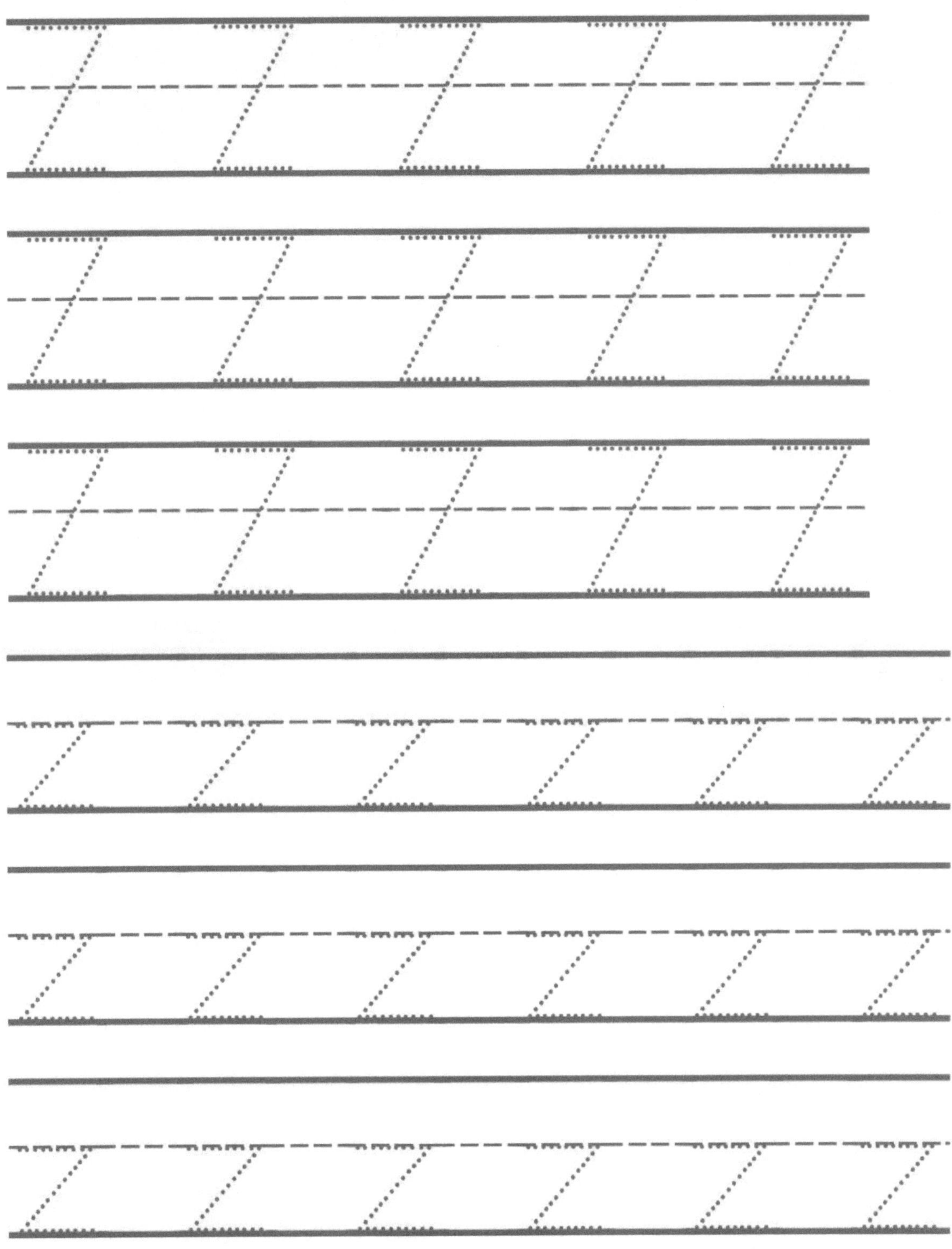

Z z

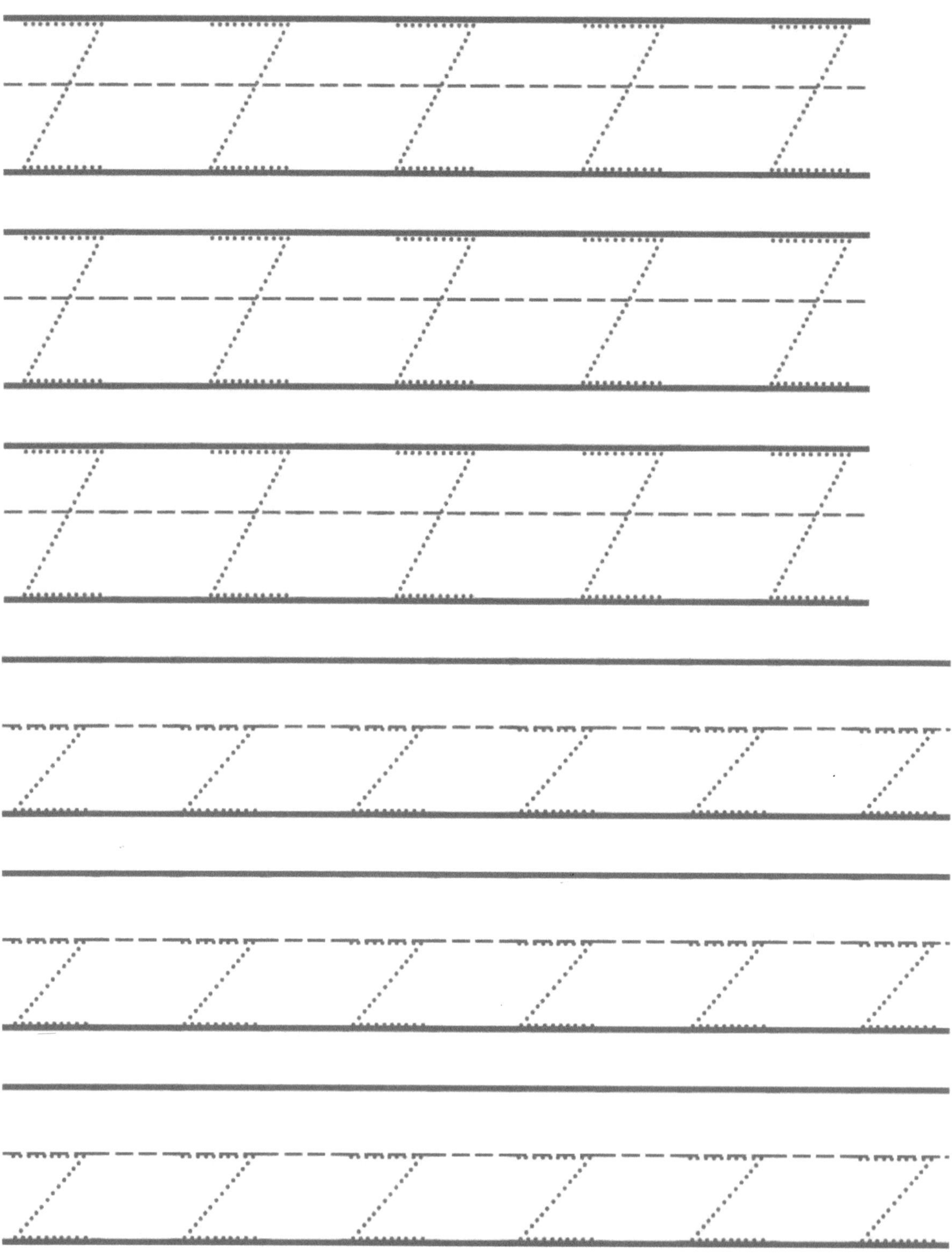